슬라보예 지젝   Slavoj Zizek

- 류
- 경희
  (에
- 파리   대학원 정신분석학 박사
- 슬로베니아 류블랴나대학 철학 박사

저서 《팬데믹 패닉》《법의 무지》《새로운 계급투쟁》
     《삐딱하게 보기》《다시, 마르크스를 읽는다 》
     《용기의 정치학》《멈춰라, 생각하라》
     《HOW TO READ 라캉》 등

이택광

- 경희대 영미문화전공 교수·문화비평가
- 부산대 영문학과 졸업
- 영국 워릭대 철학과 석사
- 영국 셰필드대 대학원 영문학 박사

저서 《이것이 문화 비평이다》《인상파 파리를 그리다》
     《인문좌파를 위한 이론 가이드》
     《영단어 인문학 산책》《중세의 가을에서 거닐다》
     《세계를 뒤흔든 미래주의 선언》
     《다시, 더 낮게 실패하라》《임박한 파국》 등

포스트 코로나 뉴노멀

포스트 코로나 뉴노멀

슬라보예 지젝·이택광 지음 | SBSCNBC 기획·제작

비전CNF

세계는 이제 코로나 이전 BC, Before Corona 과

코로나 이후 AC, After Corona 로 구분될 것이다.

〈뉴욕타임스〉 칼럼니스트, 토머스 프리드먼Thomas L. Friedman

우리는 지금 기후 변화와 그것이 야기한 전염병이

창궐하는 새로운 세계로 이동하고 있다.

두 번째 파고는 지금보다 더 심각할 것이다.

경제학자 제러미 리프킨Jeremy Rifkin

인류는 선택해야 한다. 분열의 길을 걸을 것인가,

아니면 글로벌 연대의 길을 택할 것인가?

만약 우리가 세계적인 연대를 선택한다면

그것은 코로나 바이러스에 대한 승리일 뿐만 아니라,

21세기에 인류를 공격할지도 모르는 모든 미래의 전염병과

위기에 대한 승리일 것이다.

이스라엘 히브리대학 교수 유발 하라리Yuval Noah Harari
영국 〈파이낸셜타임스〉 기고문 중

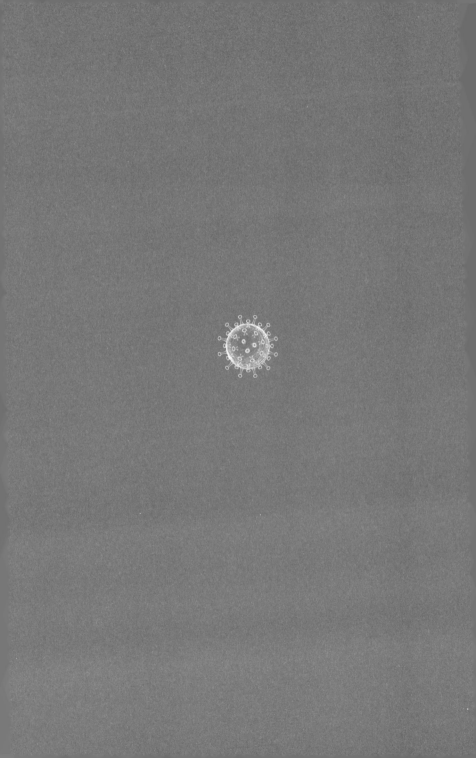

코로나19^{COVID-19} 일지

2019. 12. 31	중국에서 원인 불명의 집단폐렴 발생.
2020. 1. 9	첫 사망자 발생.
2020. 1. 14	태국에서 첫 해외 코로나19 환자 발생.
2020. 1. 16	일본 첫 환자 발생.
2020. 1. 20	한국 첫 환자 발생.
2020. 1. 21	미국 첫 환자 발생.
2020. 1. 23	베트남 첫 환자 발생.
2020. 1. 24	프랑스 첫 환자 발생.
2020. 1. 25	캐나다 첫 환자 발생.
2020. 1. 27	WHO, 글로벌 위험 수준을 '보통'에서 '높음'으로 수정.
2020. 1. 29	전 세계 확진자 6065명, 사망 132명.

중국 외 15개국에서 68명 확진.

2020. 2. 11 WHO, 신종 코로나19 바이러스
감염증의 명칭을 'COVID-19'로 결정.

2020. 2. 16 중남미, 브라질 환자 발생.
두 달 만에 전 세계 6대주 46개국으로
확산.

2020. 2. 23 한국 정부, 감염병 위기 경보
최고 수준인 '심각'으로 격상.

2020. 3. 7 출생연도에 따라 구매 요일 정한
'마스크 5부제' 시행.

2020. 3. 3 국내 누적 확진자 5186명으로
5000명대 진입.

2020. 3. 12 WHO, 코로나19 '팬데믹 Pandemic
(세계적 대유행)' 선언.

2020. 3. 15 대구 및 경북 일부 지역
특별재난지역 선포.

2020. 3. 22	종교·유흥·실내체육시설 운영 제한 등 '고강도 사회적 거리 두기' 시행. 유럽발 입국자 진단검사 의무화, 2주간 자가격리 의무화.
2020. 3. 27	미국발 입국자 2주간 자가격리 의무화.
2020. 4. 3	국내 누적 확진자 1만 62명으로 1만 명대 진입.
2020. 4. 4	'고강도 사회적 거리 두기' 4월 19일까지 2주 연장 발표.
2020. 4. 9	순차적 온라인 개학 시행.
2020. 4. 13	미국발 입국자 진단검사 의무화.
2020. 4. 15	21대 국회의원 선거 실시, 28년 만에 투표율 66.2% 기록. (확진자·자가격리자 포함 총선 투표)
2020. 4. 18	신규 확진 18명으로 58일 만에 10명대 기록.

2020. 4. 19	'사회적 거리 두기' 강도 완화해 5월 5일까지 연장.
2020. 5. 6	'사회적 거리 두기'에서 '생활 속 거리 두기'로 전환. 이태원 클럽발 코로나19 환자 발생.
2020. 5. 11	긴급재난지원금 온라인 신청 시작.
2020. 5. 13	긴급재난지원금 지급 시작.
2020. 7. 30	전 세계 확진자 수 2500만 명, 사망자 수 84만 3000명 기록. (미국 확진자 600만 명으로 세계 최다) 인도 1일 확진자 수 7만 8761명으로 일일 확진자 수 최다 기록.
2020. 8. 15	광화문 주변 집회를 기점으로 코로나19 재확산 시작.
2020. 8. 30	'사회적 거리 두기' 2.5단계 격상.
2020. 9. 1	한국 누적 환자 2만 명대 진입.

세계 누적 확진자 2537만 1384명,

사망자 84만 8200명.

2020. 9. 14	'사회적 거리 두기' 2단계로 완화.
2020. 9. 17	전 세계 누적 환자 3000만 명대 진입
2020. 9. 28	발생 9개월 만에 전 세계 코로나19

사망자 100만 명 돌파.

2020. 10. 20	코로나 재확산 아일랜드, 유럽연합EU

중 처음 이동 제한 및 강력 봉쇄 조치.

2020. 10. 23	미국 코로나 재확산세, 일일 신규

확진자 사상 최대인 8만 3000명 기록.

2020. 10. 30	프랑스 국가 봉쇄 조치.
2020. 11. 2	독일, 식당과 술집 등 여가시설 봉쇄.
2020. 11. 5	영국 두 번째 국가 봉쇄 조치.
2020. 11. 6	미국 누적 확진자 1000만 명 돌파.

(미국 일일 신규 확진자 12만 8000명)

이택광 묻고 지젝 답하다

누적 확진자 통계(2020년 11월 6일 기준)

1위 : 미국 1005만 명.

2위 : 인도 846만 명.

3위 : 브라질 563만 명.

4위 : 러시아 173만 명.

5위 : 프랑스 166만 명.

2020.11.7	한국 정부 새로운 거리 두기 제도 시행. (3단계에서 5단계로 세분화) 그리스 봉쇄 조치 돌입.

다르고도 낯선 미래의 질서는 무엇일까?
〈포스트 코로나, 뉴노멀을 말하다〉

방송에서 못다한 이야기를 책으로 엮으며…

2020년, 봄이 실종됐다.

연초부터 우리가 맞이한 현실은 재난 영화 못지않게 암울했다.
마음을 간질이는 아지랑이 대신 충격과 공포가 세상을 물들이기
시작했다. 평범하고 소소했던 일상은 한순간에 멈춰버렸고, 집
밖은 곧 공포가 되었다.

마스크 한 장을 사기 위해 새벽부터 약국 앞에 줄을 서고, 학
교에 가는 대신 사상 유례없는 온라인 개학을 맞았다. 외신 속
풍경은 더욱 충격적이었다. 화장지 사재기, 봉쇄로 텅 빈 각국의
고속도로, 방호복 대신 쓰레기봉투를 뒤집어쓴 의료진의 모습은
그야말로 전쟁터와 다름없었다. 늘어나는 시신을 수습할 묘지

가 없어 외딴섬 하나를 통째로 공동묘지로 만든 뉴욕 시 '하트섬'
이야기는 괴담이 아닌 실화라서 더욱 섬뜩한 잔상으로 남았다.

팬데믹 위기 앞에서 세계는 그야말로 패닉에 빠졌다. 우리가
선진국이라 믿었던 나라들도 크게 다르지 않았다. 질서가 무너
진 뒤, 고스란히 드러난 민낯은 한없이 초라했다.

'이 상황이 언제쯤 끝날까?' '백신은 언제 나올까?' 질문을 던
지던 사람들은 어느 순간부터, '이런 상황이 끝나지 않을 수도
있겠구나' '다시 예전으로 돌아가는 것은 불가능할 것 같아'라
고 말하기 시작했다. 《뉴욕타임스》 칼럼니스트 토머스 프리드먼
Thomas Friedman의 말처럼 세계는 이제 '코로나 이전BC, Before Corona'과
'코로나 이후AC, After Corona'로 나뉘게 될지도 모른다. 물론 누구도
가보지 않은 미래가 어떠할지 확신할 순 없다. 단 한 가지 확실
한 것이 있다면, 우리의 내일이 우리가 살아온 어제와는 분명히
다르리라는 사실이다.

77억 인류는 문명사적 대전환점 앞에 서 있다. 혹자는 이를 '코
페르니쿠스적 전환'이라고까지 말한다. 태양이 지구를 중심으로

도는 것이 아니라 지구가 태양을 중심으로 돌고 있다는 것을 깨닫게 된 것만큼이나 커다란 지각 변동이 일어나고 있다는 것이다. 일상이 멈추어버린 것을 한탄하며 방황하는 것은 무의미한 시간 낭비일 뿐이다. 더 늦기 전에 코로나 이후를 예비하고 출구 전략을 짜는 것이 조금이나마 현명한 선택일 것이다.

그렇다면 무엇을 어떻게 준비해야 할 것인가?

SBSCNBC 〈포스트 코로나 뉴노멀을 말하다〉는 바로 이러한 질문에서 출발했다. 코로나19 이후의 세상을 준비하는 마음으로 특집 4부작을 기획했다. 1부 철학, 2부 정치, 3부 생태, 4부 교육 분야로 나누어 석학들의 고견을 들어보기로 했다. 제작진은 여러 전문가를 만나 사전취재하는 과정에서 흥미로운 사실을 발견했다. 각기 분야는 다르지만, 이들이 입을 모아 강조하는 몇 가지 일맥상통하는 이야기가 있었다. 첫째, 코로나 같은 감염병은 앞으로 주기적으로 계속해서 반복될 것이다. 둘째, 문제 해결의 열쇠는 봉쇄와 단절이 아닌 협력과 공조에 있다. 셋째, 코로나는 위기가 아닌 기회가 될 수 있다. 코로나는 인류의 생존을 위협하는 위기임에 틀림없지만, 어떻게 대응하느냐에 따라 그동안 인류가 범해온 숱한 과오를 바로잡고 더 나은 길을 모색하는 절호의 기회가 될 수도 있다는 얘기다.

코로나가 '위기' 아닌 '기회'가 되려면 어떻게 해야 할까?

코로나 이전 시대의 가치와 표준은 이제 무의미해졌다. 우리가 '노멀 nomal'이라고 믿었던 질서는 이미 균열을 보이기 시작했다. 기존의 노멀이 아닌 새로운 노멀, 즉 '뉴노멀 new nomal'을 찾고 준비해야만 한다. 그런 면에서 정치, 경제, 사회, 철학을 넘나들며 코로나 시대의 현실을 냉철하게 분석하고 대안을 제시하고자 한 슬라보예 지젝 Slavoj Zizek과 이택광 경희대 교수의 대담이 많은 이에게 지혜와 통찰을 전해줄 수 있을 거라고 믿어 의심치 않는다.

이 책은 〈포스트 코로나 뉴노멀을 말하다〉 4부작 중 첫 번째 방송의 주인공 슬라보예 지젝과 이택광 교수의 대담을 정리한 것이다. 두 사람 모두 인류가 직면한 다양한 이슈들에 대해 누구보다 활발하게 견해를 피력해온 학자들이다. 동시에 나이를 초월해 환상적인 호흡을 보여온 학문적 동지이기도 하다.

방송 제작을 위해 우리는 슬로베니아의 자택에서 칩거 중인 지젝과 서울 상암동 SBS 스튜디오의 이택광 교수를 화상으로 연결해서 대담을 녹화했다. 두 석학은 포스트 코로나 시대 국가와 정치의 역할, 그리고 국제 질서의 전망과 과제 등에 대해 깊이 있는 대화를 나누었다. 방송 후, 시청자들은 기대 이상의 호응을 보였다. 막막하던 현실을 제대로 파악하고, 미래를 보다 구체적으로 고민해볼 수 있게 되었다는 의견이 많았다. 아쉬운 것은 방송 러닝 타임이 한 시간으로 제한된 탓에 편집 과정에서 생략된 분량이 적지 않았다는 점이다.

방송에선 미처 소개하지 못했던 내용을 추가하여 책으로 엮을 기회를 갖게 되어 무척 뜻깊게 생각한다. 불확실성의 시대, 살아남기 위해 고군분투 중인 많은 이에게 지젝과 이택광 교수의 메시지가 새로운 세상을 준비하는 힌트가 되었으면 좋겠다.

재난을 뜻하는 단어, '디재스터 disaster'는 그리스어로 '별 astro이 없는dis 상태'라는 의미를 갖는다. 옛사람들은 길을 잃었을 때 별을 보고 방향을 가늠해 길을 찾았다. 따라서 별이 없는 암흑 상태는 곧 재난이었을 것이다. 코로나로 인해 우리는 재난 상황에 처했다. 하지만 제대로 된 기준을 찾는다면 분명 길을 잃지 않고 항해를 계속해 나갈 수 있을 것이다. 끝나지 않을 것만 같은 코로나라는 암흑의 현실을 헤쳐 나가는 데 있어 이 책이 작지만 반짝이는 한 줄기 빛을 선사할 수 있었으면 하는 간절한 바람이다.

차례

이택광이 말하는 슬라보예 지젝

SBSCNBC 〈포스트 코로나 뉴노멀을 말하다〉를 녹화하기에 앞서 제작진은 이택광 교수를 몇 차례 만나 인터뷰했다. 아래는 2019년 5월, 이택광 교수의 한남동 자택과 인근 카페에서 있었던 인터뷰를 정리한 것이다.

Q1.　슬라보예 지젝을 이야기하기에 앞서, 먼저 교수님 본인 소개를 부탁드리겠습니다. 문화비평가, 평론가로 다양한 활동을 하시기 전 영국에서 공부하셨죠?

네, 주로 공부했던 영역은 철학과 문화이론, 정신분석 등이고요. 영국에서 철학 석사와 영문학

박사 학위를 받았습니다. 현재 경희대 영미문화 전공 교수로 재직 중인데, 2005년부터 지금까지 학생들에게 문화연구와 문화 비평을 가르치고 있습니다.

사제 관계로 시작된 첫 만남 이후 둘도 없는
학문적 동지로 거듭나기까지

Q2.　　　1949년생 슬라보예 지젝이 1968년생 이택광 교수님을 '진정한 친구'라 칭하는 모습을 보면 나이를 초월한 각별한 애정이 느껴집니다. 두 분의 인연은 어떻게 시작되었나요?

　　　　　지젝 선생님을 처음 만난 것은 영국에서 대학원에 다닐 때였어요. 세미나에서 우연히 처음 만나게 되었는데, 그때만 해도 저는 여러 학생 중 한 명에 불과했어요. 반면, 지젝 선생님은 지금 같은 글로벌 스타까지는 아니지만, 이미 많은 마니아

층이 형성돼 있었어요. 그의 진가를 아는 사람들
사이에서는 굉장히 '핫한' 분이었다고 할까요?

: 　그 후 개인적으로 다시 만나게 된 것은 2012년
쯤일 겁니다. 지젝 선생님과 대담집을 출간하려
고 인터뷰 요청을 했는데, 마침 타이밍이 좋았어
요. 당시 지젝 선생님은 아시아에서 '공산주의의
이념 The Idea of Communism' 컨퍼런스를 열고 싶어 하
던 차였어요. '공산주의의 이념' 컨퍼런스는 지
젝 선생님이 철학자 알랭 바디우[1]와 함께 매년
진행하는 학술 대회인데요. 아시아에서 이 행사
를 개최하기에 한국만큼 최적의 장소는 없지요.
중국은 지젝 선생님의 원고를 사전 검열하고 수
정을 요구했던 좋지 않은 기억 때문에 거부감이
있는 상태였고요, 일본도 그다지 호의적이지 않
은 상황이었어요. 공산주의 국가인 중국이나 북

1　Alain Badiou. 철학자, 프랑스현대철학연구소를 창설했다. 유럽 대학원 EGS(European
　　Graduate School) 르네 데카르트 석좌교수로 저서 《존재와 사건》, 《번역은 옳다》 등이
　　있다.

한과 지정학적으로 가까이 있는 한국은 상징적인 의미도 있고, 훨씬 더 개방적인 국가라는 점에서 매력을 느끼고 있었지요. 사연을 듣고 제가 지젝 선생님이 한국에서 컨퍼런스를 개최할 수 있도록 다리를 놓아드리는 역할을 했어요. 그 일을 계기로 학생과 선생이 아닌, 동지적 관계로 발전하게 되었다고 볼 수 있을 것 같네요. 상당한 나이 차이가 있지만 지젝 선생님이 워낙 소탈한 편이세요. 전혀 권위적이지 않고 오히려 관대한 스타일이죠. 그리고 무엇보다 굉장히 소통을 즐기는 철학자세요. 지젝 선생님은 전 세계에 친구들이 참 많은데요, 세계 각국에 있는 친구들과 자신이 쓴 글을 함께 보고 의견을 나누는 것을 무척 즐기세요. 새로운 글을 쓰고 나면 저에게도 꼭 보내주신답니다. 이렇게 친구들에게 글을 보내고는 전화나 이메일을 통해 '어떻게 봤는지 말해달라'고 물으시곤 상대방의 의견을 경청합니다. 2012년 이후 지금까지 그

렇게 수시로 소통하면서 지내다 보니 이제는 서
로의 글이나 생각에 대해 너무나 잘 아는 사이
가 되었지요.

'MTV 철학자', '철학계의 엘비스 프레슬리',
대중의 관심사를 대중의 눈높이에서 말하다

Q3.　　'지젝은 글로벌 스타'라고 언급하셨는데요. 사
　　　　실 지젝 하면 '철학계의 슈퍼스타' '위험한 철학
　　　　자' '스타벅스 지식인' 등등 다양한 수식어가 따
　　　　라다닙니다. 이렇게 철학계에서는 보기 드물 만
　　　　큼 높은 인지도와 대중의 관심을 한몸에 받게
　　　　된 이유가 무엇일까요?

　　　　무엇보다 그분의 철학적 식견이 뛰어나기 때문
　　　　이겠지요. 지젝 선생님은 22살 때 자크 데리다[2]
　　　　를 통해 마르틴 하이데거[3]를 새롭게 읽은《차이
　　　　의 고통 The Pain of the Difference》이라는 책을 출판할

정도로 학자로서 재능이 뛰어났습니다. 지젝 선생님은 학위가 두 개인데요, 먼저 류블랴나대학에서 데리다와 하이데거에 대한 논문을 써서 철학 박사 학위를 받은 뒤, 파리 제8대학에서 정신분석학 전공으로 두 번째 박사 학위를 받았습니다. 이때 박사 논문을 프랑스어로 썼는데요, 프랑스 출신 철학자가 아니면서 프랑스 철학을 포괄적으로 이해하는 젊은 철학자라는 점에서 주목을 받았어요.

1989년 《이데올로기의 숭고한 저작The Sublime Object of Ideology》이라는 책을 출판하면서 본격적으로 이름을 알리게 됩니다. 이 책은 영어권에 소개된 지젝 선생님의 첫 번째 책이라고 할 수 있어

2　Jacques Derrida(1930~2004). 기호학 박사이자 해체주의 철학자. E. 후설Husserl의 현상학現象學을 배운 후, 철학에 구조주의를 도입했다. 모든 것을 해체하며 새로운 사유의 장을 마련하고자 한 비평이론으로서 해체주의를 주장했다.

3　Martin Heidegger(1889~1976). 독일의 실존철학자. 주요 저서 《존재와 시간》을 통해 불안, 무無, 죽음, 양심, 결의, 퇴락頹落 등 실존에 관계된 여러 양태에 대해 매우 조직적·포괄적으로 기술하였다.

요. 이 책을 계기로 영국과 미국에서 주로 활동하게 되죠. 당시는 포스트 모더니즘이 한창 유행하면서 구조주의를 부정하던 시기였거든요. 그 대표적인 사례 중 하나가 바로 라캉[4]이라는 구조주의 정신분석학자입니다. 포스트 모더니즘이 팽배하면서 라캉은 죽은 개 취급을 당하고 있었어요. 이때 지젝 선생님이 혜성처럼 등장해 라캉을 부활시킵니다. 알프레드 히치콕[5] 영화에 접목시켜 라캉의 이론을 재해석하면서 큰 관심을 받게 되죠. 이 연구 덕분에 지젝 선생님은 큰 명성을 얻게 됩니다. 히치콕 연구는 지젝 이전과 지젝 이후로 나뉜다는 말이 생겨날 정도로 어마어마한 변화를 초래했죠.

---

4 Jacques Lacan(1901~1981). 프랑스 정신분석학자이자 정신과 의사. '프로이트로 돌아가자Return to Freud'를 주창하며 프로이트의 정신분석학을 구조주의와 언어학의 관점에서 재해석했다.

5 Alfred Hitchcock(1899~1980). 영국 출생의 미국 영화감독. 서스펜스와 스릴러 영화의 대가로 불린다. 작품으로 〈하얀 공포〉, 〈나는 고백한다〉, 〈북북서로 진로를 돌려라〉, 〈새〉, 〈사이코〉 등이 있다.

: 지젝 선생님은 영화나 음악, 문학작품 등 다양한 대중문화를 통해 어려운 철학적 개념을 설명하는 경우가 많은데요. 그래서인지 MTV가 대중문화를 대표하던 시절에는 'MTV 철학자'라는 별명을 얻기도 했어요. 대중적인 철학자라는 의미로 '철학계의 엘비스 프레슬리'라고 불리기도 했지요. 그런 별명들에는 사실 철학자답지 않은 지젝 선생님의 행동을 비하하려는 의도도 담겨 있었을 겁니다. 하지만 이제는 그 대중성이 슬라보예 지젝을 상징하는 하나의 트레이드마크가 되어버렸어요.

: 지젝 선생님이 특이하고 재밌는 농담을 즐겨 하는 편이에요. 농담 한마디로 아주 어려운 철학적 개념이나 이론을 한방에 정리해버리는 그만의 힘이 있죠. 그 농담 때문에 지젝의 팬이 됐다는 사람들도 있습니다

뾰족한 무거움을 쉽고 가볍게 만드는 지젝식 유머

농담과 비유를 적절하게 구사하는 남다른 재능

Q4.   지젝의 '농담'에는 힘이 있다는 말씀을 해주셨
       는데요, 지젝의 농담 중 생각나는 게 있으면 예
       를 하나 들어주실 수 있을까요?

       지젝 선생님은 이데올로기의 작동 방식을 농담
       에 빗대서 얘기하곤 합니다. 빨간 잉크, 파란 잉
       크 얘기도 그런 농담들 중 하나예요. 9·11 테러
       사태 이후의 세계를 통찰한《실제의 사막에 오
       신 것을 환영합니다 Welcome to the Desert of Real》라는
       선생님의 책에도 나오는 얘기이지요.

:   이야기를 간단히 소개하면 이렇습니다. 동독에
       한 노동자가 있었습니다. 이 사람이 일자리를 얻
       어서 시베리아로 가게 됩니다. 시베리아에 가면
       편지가 모두 검열관의 눈을 거치게 된다는 사실
       을 알게 된 그는 친구들에게 이렇게 말합니다.

"우리 암호를 정하자. 내 편지가 파란 잉크로 쓰여 있으면 그 내용은 진실이고, 빨간 잉크로 쓰여 있으면 거짓이야." 드디어 한 달 후 이 남자에게 편지가 옵니다. 그런데 편지를 열어보니 파란 잉크로 이렇게 쓰여 있는 겁니다. '이곳은 모든 게 다 훌륭해. 가게에는 상품이 가득하고 음식은 풍부하고 아파트는 널찍한 데다 난방도 잘돼. 영화관에서는 서양 영화를 보여주고 언제든지 연애할 수 있을 만큼 예쁜 아가씨들도 많아. 딱 하나 구할 수 없는 것이 있는데 그건 바로 빨간 잉크야.'

빨간 잉크는 진실을 알리는 잉크죠. 그런데 빨간 잉크를 살 수 없어서 파란 잉크로 썼다는 거예요. 그럼 이 편지는 진실일까요, 거짓일까요?

논리학에는 참말과 거짓말의 관계를 설명하는 '거짓말쟁이의 역설'[6]이 있는데, 그것을 설명할 때도 이 농담을 주로 인용합니다. 복잡한 이론이지만 농담 하나로 명쾌하게 설명되는 거죠.

지젝 선생님은 2011년 '월가를 점령하라^{Occupy} Wall Street' 시위 현장에서 연설을 하면서 이 잉크 농담을 이야기했습니다. 자본주의의 문제를 지적하면서 "우리에게 빨간 잉크를 달라"고 외친 거죠.

그 외에도 프로이트의 정신분석학을 설명하면서 히치콕 감독의 영화 〈사이코〉에 나오는 집을 빗대서 말한 것도 유명하죠. 지젝 선생님은 농담이나 적절한 비유를 구사하는 데 특별한 재능이 있는 사람입니다.

---

6   liar paradox. 논리학에서 자기 자신이 거짓임을 말하는 명제를 인정하는 데서 생기는 역설.

지금 여러분이 할 일은

우리에게 빨간 잉크를 나눠주는 일이다.

뭐가 잘못됐는지, 우리가 어떤 세상을 원하는지

이야기해야 한다.

우리가 마주쳐야만 하는 진정 어려운 질문들이 있다.

우리는 우리가 무엇을 원하지 않는지 안다.

그러나 우리는 우리가 무엇을 원하는지 모른다.

문제는 부패나 탐욕이 아니라 자본주의 그 자체다.

민주주의와 자본주의의 결혼은 끝났다.

변화는 가능하다.

'월가를 점령하라' 시위 중 슬라보예 지젝의 거리 연설 중

과거 공산주의자들은 이런 말을 즐겨 했다.

"상황이 침울할지라도 터널 끝에는 항상 희망의 빛이 있다."

나는 동유럽 출신이라 그런지 냉소적인 유머를 즐기는 편이다.

누군가 나에게 터널 끝에 빛이 있다고 말한다면 나는

"또 다른 기차가 다가오는 불빛 아니겠는가"라고

대답할 것이다.

2012. 6. 27. 경희대학교 강연 중

싸이의 〈강남 스타일〉부터 봉준호 감독의 〈기생충〉까지…
세상의 모든 이슈를 분석하는 70대 유튜브 철학자

Q5.   지젝을 '자본주의에 가장 비판적인 동시에 자
       본주의 세계에서 가장 인기 있는 철학자'라고
       들 합니다. 동유럽 출신의 '위험한 철학자'로
       불리는 지젝이 특히 한국 독자들에게 많은 사랑
       을 받게 된 계기가 있을까요?

       지젝 선생님은 유럽에서도 인기가 많지만, 아시
       아, 특히 한국에서 굉장히 많은 독자를 거느리
       고 있어요. 한국인들이 철학자에게 이렇게 큰
       관심을 가진 경우가 있었나 싶을 만큼 특이한
       현상이지요. 심지어 지젝 선생님 본인도 자신이
       왜 이렇게 한국에서 인기가 있는지 의아하다고
       말할 정도입니다. "내 책이 두꺼워서 책장을 채
       우기 좋기 때문에 그런가?" 하고 농담한 적도
       있지요.

: 제가 생각하기에, 우선 지젝 선생님이 헤겔의 철학과 라캉의 정신분석학, 마르크스의 사상 등에 대한 해박한 지식을 선보이면서 호응을 얻은 면도 있고요. 또 하나, 흡수되는 방식이 조금 달랐던 것 같습니다. 지젝 선생님은 학술적인 명성을 얻는 데 그치지 않고 전 세계에서 발생하는 다양한 사회문제들에 폭넓게 관심을 가지고 끊임없이 소통을 시도하는 철학자거든요. 전 세계에서 일어나는 거의 모든 사안에 대해 자신의 생각을 밝히는 칼럼이나 저술 활동을 한다고 해도 과언이 아니에요. 바로 그 점이 한국에서 인기를 얻은 비결이 아닌가 싶어요. BBC의 〈하드톡HARDtalk〉에 나와서 소신 발언을 한다든가, 〈가디언〉이나 〈뉴욕타임스〉에도 활발하게 칼럼을 기고하고 있지요. 사실 그런 지식인은 흔하지 않거든요. 굳이 꼽자면 노암 촘스키[7] 정도가 있을까요?

게다가 지젝 선생님은 유튜브 활동도 굉장히 활

발하게 하고 있습니다. 최근에 제가 몇 번 놀란 적이 있는데요, 이미 70대에 접어든 지젝이란 철학자를 10대, 20대 젊은이들이 꽤 많이 알고 있더라고요. 신기해서 어떻게 지젝을 알게 되었 냐고 물었더니 대부분 책이 아니라 유튜브를 통 해서 지젝을 알게 되었다고 답하더군요. 난해한 철학 콘텐츠뿐만 아니라 영화와 음악 등 문화 전반에 걸쳐서 유튜브 활동을 하기 때문에 빚어 진 상황이지요. 얼마 전에 보니까 지젝 선생님 이 봉준호 감독의 〈기생충〉에 대한 코멘트도 유 튜브에 올려놓았더라고요. 그런 면에서 보면 지 젝 선생님이야말로 인터넷 시대에 가장 걸맞은 대중적인 철학자가 아닌가 싶습니다.

---

7   Avram Noam Chomsky(1928~). 미국의 언어학자. 20세기 언어학에 가장 중요한 공헌을 한 학자로 꼽히며 언어학뿐 아니라 철학, 사상사, 당대의 이슈, 국제 문제와 미 국의 외교 정책 등 다양한 분야에 관해 글을 쓰고 강의를 해왔다.

부자를 악으로, 빈자를 선으로

설정하지 않은 점이 좋았다.

뛰어난^{excellent} 영화다.

자본주의 구조 안에서 우리는,

타자의 피를 양식으로 삼는

매너 좋고, 아름다우며, 귀족적인

뱀파이어 ^{vampire} (박 사장 가족)가 되거나

공격해 타자의 살을 뜯어먹는

서툴고, 느리며, 더러운

좀비 ^{Zombie} (기택 가족)가

되어야 한다.

슬라보예 지젝의 영화 〈기생충〉 감상평

지젝은 또한 한국에 대한 남다른 애정을 과시하기도 했는데요. 실제로 보시기엔 어떤가요? 최근에도 한국에 많은 관심을 표하고 있나요?

한국에 있는 저보다 한국 상황을 더 잘 알고 있어서 깜짝 놀랄 때가 있습니다. 한국에 관심도 많으시지요. 5월 초에 이태원 클럽발 확진자가 급증했을 때도 뉴스가 나오고 얼마 되지 않아서 바로 연락을 하셨어요. 저에게 괜찮냐고 하시면서 한국 상황에 대해 궁금한 것들을 이것저것 물으시더군요.

일단 코로나 사태와 관련해서 한국의 대응을 높이 평가하고 계신데요, 무엇보다 정부의 발빠른 대응이 효과적으로 잘 작동했다는 데 감탄하셨고요. 또 굉장히 많은 문제와 변화가 발생했지만 그럼에도 불구하고 한국 사회가 큰 동요 없이 순발력 있게 그때그때 해결책을 만들어 나가고 있다는 데 주목하고 있습니다. 이러한 결과가 있기까지 국가의 힘뿐만 아니라 지역사회와 시민의 참여가 뒷받침되었다는 점은 특히 지젝 선생님이 높이 평가하는 부분입니다. 정부의 방침이 나오면 단순하게 무조건 순응하는 게 아니라 자발적으로 마스크를 끼고 방역 수칙을 지키는 등 시민들 스스로 실천하는 모습이 돋보였다는 거죠.

K-방역에 대한 관심뿐 아니라 한국전쟁과 민주화 과정 등 역사와 문화예술, 그리고 사회문제에 대한 이해도도 높은 편입니다. 2013년부터 경희대 글로벌커뮤니케이션학부 '에미넌트 스칼라ES, Eminent Scholar'로 활동해온 덕분에 한국 상황을 꽤 잘 알고 있기도 하지요. 게다가 공산주의 사회에서 태어나고 자라서인지 한국의 분단 상황에 누구보다 관심이 많아요.

농담 반 진담 반으로 아드님 때문에 한국에 더 관심을 갖게 됐다고도 말씀하시는데요. 지금은 성인이 된 아드님이 어렸을 때 한국 게임을 엄청나게 좋아했다고 해요. 실제로 지젝 선생님이 한국을 방문하셨을 때 아드님이 동행한 적이 있는데, 직접 보니까 삼성 휴대폰을 사용하는 등 한국의 IT 기술에 관심이 많더라고요. 특히 한국의 PC방은 정말 대단하다고 엄지척 했던 기억이 납니다.

최악의 상황에도 최선의 선택을 고민하는 철학자 지젝이야말로 혼돈의 시대에 실질적 조언을 해줄 수 있는 인물

Q7.　　교수님의 책 중《더 낫게 실패하라》를 보면 '철학은 실패에 대한 사유'라고 말씀하셨는데요, 팬데믹 상황으로 수많은 시행착오와 혼란을 겪고 있는 지금이야말로 인류에게 철학이 필요한 시점이라는 생각이 듭니다. 그런데 많은 철학자 중에서 특히 지젝의 이야기를 귀담아 들어보길 추천하시는 이유가 있을까요?

팬데믹 사태가 벌어진 후, 많은 분이 코로나 바이러스와 관련된 문제들을 이야기하고 있습니다. 다양한 분야의 수많은 전문가가 의견을 피력하고 있지만, 철학적 관점에서 이 문제를 가장 사실 관계에 입각해서 파악하고 있는 분이 바로 지젝 선생님이 아닌가 싶습니다. 석학 중에는 평소에 하던 말에 코로나 문제를 덧붙이는 정도로 언급하거나, 글로벌 위기에 대해 '내가 이미 말했듯이' 혹은 '내가 말한 대로 되지 않았느냐' 하는 식으로 말씀하시는 분이 많아요.

: 그런데 지젝 선생님은 좀 다릅니다. 본인이 예전부터 전 지구적 위기 상황이 닥칠 것이며, 이로 인해 파국을 맞을 것임을 예고해왔음에도 불구하고 이런 상황을 직접 경험하게 되었다는 것 자체를 굉장히 중요하게 생각합니다. 또한 상황의 심각성을 지적하는 데 그치지 않고 대안을 제시하려고 노력합니다.

: 사실 지젝 선생님은 건강이 그리 좋지 않은 상

태거든요. 일부 시청자들이 코 만지는 습관을 지적하시는데요, 실은 오랫동안 틱장애를 앓고 있어서 나타나는 증상이에요. 게다가 연세가 있으시다 보니 당뇨병과 고혈압, 심장병 등 여러 가지 기저질환도 앓고 계시지요. 몸이 좋지 않은 상황에서 코로나 사태가 벌어지고 몇 달 동안 집에 갇혀 지내다 보니 처음에는 우울증 증상도 겪으시고 굉장히 힘들어하셨어요. 상황이 그렇다 보니 더 적극적으로 포스트 코로나에 대해 깊이 연구하고 생각하게 된 것이지요.

그렇게 해서 지젝 선생님이 얻은 결론은 '과거에 우리가 좋아했던 그 세계는 다시 오지 않을 것이다'라는 겁니다. 많은 분이 '백 투 노멀 back to normal'을 바라지만, 정상적인 과거로 돌아가는 것은 이제 불가능하다는 지적이지요. 우리가 어서 그 사실을 깨닫고 현실을 직시해야 한다고 지젝 선생님은 강조합니다.

예를 들어볼까요. 이탈리아의 철학자 조르조 아

감벤[8]은 코로나 사태로 강화된 국가 통제 시스템을 거세게 비판했습니다. 국가 권력이 코로나라는 예외적 상황을 정치적으로 이용하고 있다고 보는 거죠.

많은 학자가 이처럼 현상을 진단하고 어떤 방식으로 더 악화될 것인가에 초점을 맞추고 있다면 지젝 선생님은 다릅니다. 본인이 느끼고 있는 바를 토대로 '코로나 이후에 어떤 세계관을 만들어야 할 것인가?' '상황이 악화되더라도 우리가 지키고 발전시켜야 할 가치는 무엇인가?' '비록 과거의 세계로 돌아가지 못하더라도 지금 같은 최악의 상황에서 할 수 있는 최선의 선택은 무엇인가?' 같은 실질적인 고민을 하고 있습니다.

지젝 선생님은 거대 서사만큼이나 현실을 중요

---

8   Giorgio Agamben(1942~). 이탈리아의 철학자. 베네치아 건축대학IUAV 디자인 예술학과 교수이자 EGS(European Graduate School) 철학 교수.

시하는 철학자입니다. 우리가 어디로 갈 것인가에 대한 거대 서사는 분명히 필요하지만 그것을 관념론적으로 해석해서 현실을 부정해선 안 된다고 보는 거죠. 예를 들어, 공산주의라는 목표가 있다고 칩시다. 세계 혁명이라는 이상적인 목적의식만 생각하고 오직 그것에 맞춰서 현실을 재단할 경우, 정작 현실의 중요한 문제는 방기하게 됩니다. 그리고 그 과정에서 무고한 희생이 따르게 되지요. 이미 사회주의 국가를 경험해본 사람으로서 지젝 선생님은 그러한 문제점을 누구보다 잘 알고 있어요. 이상을 현실에 적용하는 과정에서 교조적으로 적용하는 게 아니라 현실을 충분히 고려해서 수정해 나가는 게 중요하다고 지적합니다.

그런 면에서 저는 다른 어떤 학자보다 실천적인 고민을 거듭해온 지젝 선생님이야말로 혼란에 빠진 현대인들에게 보다 실질적인 이야기를 들려줄 수 있는 적임자라고 생각합니다.

지젝의 '공산주의'는 낡은 정치 시스템이 아닌

전 지구적 협력과 공조의 다른 이름

Q8.　　　　새로운 질서를 언급할 때 지젝은 '공산주의^{Com-}^{munism}'를 자주 소환합니다. 우리 정서상 공산주의라는 단어 자체가 거부감을 주는 것도 사실인데요. 지젝이 말하는 공산주의란 무엇인지 정리한다면 뭐라고 할 수 있을까요?

결론부터 말씀드리면 지젝 선생님이 말하는 코뮤니즘은 공산주의라는 정치 체제를 의미하지 않습니다. 정치적 통제와 압제로서의 공산주의가 아닙니다. 개념을 조금 구분해서 말씀드리자면요. '사회주의'와 '자본주의'는 경제 체제를 의미하잖아요. 그리고 정치 체제와 결합한 공산주의는 궁극적으로 국가의 소멸을 이야기하거든요. 국가는 없어지고, 자유로운 개인의 연대가 이루어져야 한다고 보는 거죠. 현실 공산주의 국가들, 이른바 소비에트 블록의 국가들이 지향하는 공산주의의 이상론이 바로 그런 것이지요. 지젝 선생님의 공산주의는 그와는 차별화된 개념입니다. 지젝 선생님은 오히려 그런 국가들이 이상론만 가지고 현실의 모순을 계속 억압해왔다고 비판했습니다.

지젝 선생님이 이야기하는 공산주의는 우리가 '커먼common' [9]이라고 말하는 것, 흔히 '공공재' [10] 라고 부르는 개념을 강조하는 말이라고 보면 됩니다. 예를 들어, 우리가 사용하는 언어라든가 물, 공기, 자연, 지식 같은 것은 모두 공공재에 해당합니다. 누구의 소유라고도 볼 수 없는 공공의 자원이지요. 인류의 역사를 돌이켜보더라도 어떤 집단이나 권력이 사람들의 협력을 끌어내기 위해서는 공통적인 것에 호소할 수밖에

---

9   common. 공동의, 공통의.
10   public goods, 公共財. 모든 사람이 공동으로 이용할 수 있는 재화 또는 서비스. 사유재 private goods와 대립되는 개념.

없었지요. 프랑스혁명 때 부르주아와 프롤레타리아가 함께 왕정을 타도하고 공화정을 건설하자고 외쳤잖아요. 이때 공화정이라는 것은 모두 함께 잘사는 사회를 건설하자는 것이었지요. 그러기 위해서 뒷받침되어야 하는 것이 바로 '협력'입니다. 함께 잘살기 위해서는 협력이 이루어져야 하고, 그래야 정치라는 게 가능해지는 것 아니겠어요? 지젝 선생님은 바로 그런 의미에서 공산주의를 말한 겁니다.

특히, 포스트 코로나 시대를 논하는 데 있어서 공산주의를 강조하는 까닭을 눈여겨 볼 필요가 있습니다. 바이러스의 위험이 대두되면서 세계의 흐름이 민족국가로의 회귀 조짐을 보이고 있는데요, 지젝 선생님은 바로 그 점을 걱정하고 있습니다. 코로나 이전까지만 해도 좌파와 우파를 막론하고 모두가 국제주의[11]를 강조해왔어요. 민족국가의 이익보다는 국제주의를 우선하는 게 당연한 세계의 흐름이었지요. 그런데 팬데믹 상황이 벌어지면서 상황이 반전됩니다. 자국의 안전, 자국의 이익이 훨씬 중요해진 것이지요. 이런 분위기 속에서 자연스럽게 민족국가의 흐름이 대두되기 시작했고요.

민족국가가 강조되면 국제 협력은 상대적으로 약화되기 마련인데요. 지젝 선생님은 바로 이런 식의 패러다임 전환을 우려합니다. 그렇게 해서는 문제를 해결하기 어렵다는 거죠. 각자의 이익만 강조하다 보면 갈등이 격화되기 마련이고, 인류가 그동안 제1, 2차 세계대전에서 얻은 교훈을 망각하는 결과를 초래하게 되겠죠. 세계대전이라는 게 결국은 부강한 민족국가의 건설을 추구하면서 벌어진 비극이잖아요. 민족의 이익이 식민주의로 이어졌고, 그것이 곧 전쟁의 역사로 이어진 것이지요.

---

11 internationalism. 독립한 주권 국가끼리 서로 협조해서 세계의 평화와 번영을 실현하려는 입장.

코로나 위기도 마찬가지입니다. 앞으로 각자도생各自圖生이라든가 국가 대 국가의 경쟁 구도로 가게 되면 상당히 많은 부작용이 초래될 게 불보듯 뻔합니다. 지젝 선생님은 이런 점을 특히 우려합니다. 그래서 적어도 공통적인 문제는 함께 해결해 나가는 전 지구적인 협력 시스템을 구축해야 한다고 주장하고 있지요. 바로 그런 의미에서 공산주의를 강조한 겁니다. 다시 말해, 지젝 선생님이 말하는 공산주의란 '최소한의 생존을 위해 실행되는 공산주의' 혹은 재난에 맞서는 '재난 공산주의'라고 이해할 수 있습니다.

이택광 묻고 지젝 답하다

이택광 묻고 지젝 답하다

화상 전화 연결 녹화

날짜   2020.5.20

시간   한국 7:30 PM ↔ 루블라냐 12:30 PM

장소   상암동 SBS 프리즘 타워 스튜디오

1. 과거는 돌아오지 않는다

농담도 악몽도 아닌 코로나라는 현실

지젝   안녕하세요?

이택광   안녕하세요?

지젝   우리 시선이 괜찮은가요? 제 컴퓨터 화면상으
         로는 이택광 교수님이 저를 보고 있지 않은 것처
         럼 보이는데 어떤가요? 제가 잘 보이나요?

———

코로나라는 악몽에서 깨어나면 모든 것이

제자리로 돌아갈 것이라고 생각하는데 그렇지 않아요.

우리는 이것이 현실이라는 것을 인정해야 합니다.

상황이 좀 나아질지는 몰라도,

바이러스는 계속 남아 있을 것임을 깨닫게 된 거예요.

어떤 미래가 기다리고 있을지 전혀 예상할 수 없는 상황에서

어떻게 계획을 세우고, 어떻게 삶의 방향을

수립할 수 있겠어요?

소소한 일상의 즐거움을 포기해야 하는 것이

코로나가 비극적인 이유예요.

큰일이 비극적인 게 아니에요.

평범했던 일상생활을 바꿔놓았다는 게 비극인 거예요.

———

이택광   네, 잘 보입니다.

:   괜찮으시다면 제가 질문하고 답변하는 형식으
          로 대담을 진행하겠습니다. 무엇이든 편하게 말
          씀하시면 될 것 같아요. 방송 시간이 제한돼 있긴
          하지만 우리 대담을 녹화한 뒤에 제작진이 방송
          에 맞게 편집하면 되니까요. 하시고 싶은 얘기가
          있으면 생각나는 대로 말씀하셔도 괜찮아요.

지젝   아주 좋네요. 제가 하는 이야기는 언제나 편집
          을 해야 좀 낫더라고요.(웃음)

이택광   요즘도 한국 뉴스를 보고 계신가요?

지젝   매일 체크하고 있어요. 이태원 클럽에서 확진자
          가 많이 나왔던데 한국의 상황은 어떤가요?

이택광   집단 감염에 대응하기 위해 적극적으로 검사를
          실시하고 있어요. 클럽 근처를 방문했다거나 동

선이 겹치는 사람들을 조사하고 스스로 검사를 받도록 하고 있지요.

지젝   그렇군요.
             제가 모니터에 가까이 앉는 게 좋을까요?

이택광   모니터와 조금 더 거리를 두고 앉으시면 더 자연스러울 것 같네요. 자세를 가운데로 조금만 조정해보실래요?
             네, 좋습니다. 준비되셨으면 이제 곧 녹화를 시작할게요.

지젝   좋아요. 시작합시다.

이택광   여전히 건강하신 모습을 보니 좋네요. 안타깝게
                 도 코로나19가 많은 것을 바꿔놓았는데, 그동안
                 어떻게 지내셨나요?

지젝   처음엔 당황스러웠지만 이젠 좀 괜찮아졌어요.
                 저는 평소에도 대부분의 시간을 혼자 보내는 데
                 익숙했거든요. 주로 집에서 일하고 아내와 아파
                 트에 머무르는 편이었기 때문에 제 일상생활은
                 크게 바뀌지 않았어요. 그런데도 코로나19 이
                 후 충격이 엄청났지요.

이택광   교수님이 살고 계신 슬로베니아 루블랴나의 상
                 황은 어떤가요? 현재, 록다운[12] 중인 것으로 아

---

12   lockdown. 이동제한조치, 봉쇄령. 19세기 말부터 사용된 미국 군 용어로 전시 상황 등
       특수 상황으로 인해 외출, 외박을 통제하는 조치.

는데, 그곳 사람들의 일상이 궁금합니다.

지젝   많은 사람이 건강 문제나 경제 문제를 주로 걱정하고 있어요. 하지만 저는 정신적인 문제를 간과해서는 안 된다고 봐요. 실제로 코로나19 이후 저의 지인 중 정신과 약을 처방받는 사람이 늘어났어요. 사람들의 정신이 무너져 내리고 자살률도 높아지고 있어요.

:   이유가 무엇일까요? 판타지가 사라졌기 때문이라고 봅니다. 얼마 전까지만 해도 이 상황은 잠시 지나가는 악몽이다, 한두 달 뒤면 괜찮아지고 여름이 되면 다 좋아져서 바닷가에 휴가를 갈 수 있을 거다, 이런 희망이 있었죠. 그런데 그게 아니었던 겁니다. 상황이 좀 나아질지는 몰라도 바이러스는 계속 남아 있을 것임을 깨닫게 된 거예요. 어떤 미래가 기다리고 있을지 전혀 예상할 수 없는 상황에서 어떻게 계획을 세우고, 어떻게 삶의 방향을 수립할 수 있겠어요?

포스트 코로나 뉴노멀

이택광   정말로 미래를 예측하기 쉽지 않은 상황이죠.

지젝   제 아내는 저 때문에 걱정이 정말 많답니다. 제가 고위험군에 속하거든요. 우리는 매일 문을 알코올로 닦는 등 집 안을 소독하고 있어요. 물건을 만지는 것에 심각한 공포증 같은 게 생겼어요. 일상생활에 많은 영향을 미치고 있는 것이지요.

:   사실 저는 사람들이 단체로 광기를 분출하고 집단 신경쇠약이 생기더라도 별로 놀랍지 않을 것 같아요. 원하는 것을 갖거나 누리려면 어느 정도 희망이 있어야 하는데 코로나19로 인해 상황이 너무 혼란스러워져 원하는 걸 할 수 없게 됐거든요. 사소한 일상이야말로 정말 중요한 것인데 말이죠.

이택광   교수님의 아내, 옐라는 어떻게 지내고 계신가요?

지젝   제 아내는 저보다 더 강한 사람인 것 같아요.(웃음) 코로나19 상황에도 스스로 일하는 방법을 찾아내서 열심히 지내고 있어요. 화상회의 프로그램을 통해 대학 강의를 하는가 하면, 새로운 추리소설도 쓰고 있어요. 아내에 비하면 저는 훨씬 더 심리적으로 우울한 것 같아요. 요즘은 잠들기 바로 전이 그나마 하루 중 가장 행복한 순간이 아닌가 싶어요. 오늘도 무사히 지나갔구나 하는 안도감을 느끼는 거죠. 가장 싫은 순간은 아침이고요. 오늘은 또 어떻게 견뎌야 할까 하는 두려움이 앞서는 상황이니까요.

그리운 한국, 그리고 비빔밥의 추억

지젝   한국은 이 당황스러운 사태를 어떻게 겪어내고 있는지 궁금하네요. 서울의 식당이나 상점들은 영업을 하고 있나요?

이택광	물론이에요. 식당도 시장도 모두 영업하고 있습니다.
지젝	저는 이택광 교수를 저의 몇 안 되는 진정한 친구 중 하나라고 생각하고 있습니다. 그런데 제가 과연 당신을 언제 다시 볼 수 있을지 전혀 모르겠어요. 매우 끔찍하고 우울한 일이지요.
:	저는 여행하는 것을 참 좋아하는데, 서울에 갔을 때는 호텔에서 많은 시간을 보냈습니다. 시내에서 업무를 보고 공식적인 일이 끝난 후에는 아무것도 하지 않는 여유를 즐겼던 기억이 납니다. 이택광 교수님과 함께 서점이나 식당에 가는 시간 외에는 정말 아무것도 안 하면서 즐겼던 그 시간이 그리워요. 물리적으로 그곳에 있다는 자체가 행복감을 주었던 그 시절이 말이에요.
:	제가 지금 진지하게 바라는 꿈은 이택광 교수님, 그리고 몇몇 친구들과 함께 예전처럼 서울에서 근사한 비빔밥을 다시 먹는 거예요. 우리 종로에

가서 함께 비빔밥 먹었던 일, 기억나세요?

이태광   그럼요. 기억하고 말고요. 다시 함께 비빔밥을
          즐길 날이 왔으면 좋겠네요.

지젝   이런 소소한 일상의 즐거움을 포기해야 하는 것
          이 코로나19가 비극적인 이유예요. 큰일이 비
          극적인 게 아니에요. 평범했던 일상생활을 바꿔
          놓았다는 게 비극인 거예요. 프로이트의 용어를
          빌리자면 인간은 리비도[13]적 안정성 libidinal stability
          이 필요해요. 우리가 원하는 것을 꿈꾸고 생각
          하는 단계가 필수적이지요. 그런데 팬데믹 상황
          에서는 이러한 안정성을 전혀 확보할 수 없어
          요. 매우 안타까운 부분입니다.

---

13   libido. 원래 리비도는 라틴어로 갈망이나 욕망을 의미하는데, 프로이트는 사랑이나 성
      욕과 관련된 추동drive의 에너지라는 의미로 리비도라는 용어를 상용하였음.

- 감염병의 세계적 대유행.

- 세계보건기구WHO의 전염병 경보 단계 중 최고 위험에 해당하는 6단계.

WHO 지정 역대 팬데믹

1 1968년 홍콩독감(약 100만 명 사망)

2 2009년 신종플루(약 1만 명 사망, 163만 명 감염)

3 2020년 코로나19COVID-19

WHO 설립 이전 감염병

1 14세기 유럽 흑사병(약 2억 명 사망)

2 1918년 스페인독감(약 5000만 명 사망)

2. 다른 방식의 종말을 원한다면 전략을 수립하라!

재앙을 수용하는 5단계

세계의 또 다른 종말은 가능하다

지젝   지난해 10월 한 시위 현장에서 어떤 좌파가 벽에 이런 말을 적어놨어요. '세계의 또 다른 종말은 가능하다Another end of the world is possible'라고 말이죠. 보통 좌파들이 '또 다른 세상은 가능하다Another world is possible'라는 말을 많이 하잖아요. 그런데 코로나19로 인해 우리가 직면한 현실 때문에 세상의 또 다른 종말이 올 수도 있을 거라는 위기감을 느끼게 된 것이지요.

———

한국은 전 세계에 희망을 주는 모델이에요.

중국과 미국은 코로나 상황을 더욱 암울하게 만드는

모델이라고 할 수 있겠죠.

수용의 단계는 '그래, 아무것도 하지 말자'가 절대 아니에요.

'우리는 이제 새로운 시대에 진입하고 있으니

현실과 함께 살아야지' 하는 것을 배우고 점진적으로

상황과 맞서 싸울 전략을 수립하는 태도를 의미해요.

지금은 아주 중대한 순간이에요.

———

이택광	팬데믹 이후, 우리 인류가 어떤 미래에 직면하게 될 것인가 많은 사람이 궁금해하고 있습니다. 선생님은 어떤 세상이 올 거라고 생각하세요?
지젝	우리가 살고 있던 세상 또는 현실에서 정해진 방식대로 행동하던 삶은 끝났는지도 몰라요. 너무나 많은 추정과 가설이 있어서 명확하게 말씀드리기는 어렵지만, 저는 이렇게 생각해요. 권력을 쥐고 있는 사람들이 우리에게 하는 이야기를 그대로 받아들여서는 안 됩니다. 물론 한국은 예외예요. 한국은 전 세계에 희망을 주는 모델이니까요. 우리는 상황을 냉철하게 바라보아야 합니다.
:	도널드 트럼프 미국 대통령이 말하는 걸 보세요. 그는 수많은 사람이 죽더라도 경제가 돌아가야 한다고 이야기하죠. 중국도 상황이 좋지 않아요. 중국은 디지털화된 국가가 국민을 완벽하게 통제하는 모습을 보여주고 있잖아요. 중국

과 미국은 코로나19 상황을 더욱 암울하게 만드는 모델이라고 할 수 있지요.

전 지구상에서 절반도 안 되는 사람만이 코로나19로부터 안전을 보장받을 수 있는 상황입니다. 일부 특권층은 드론으로 음식을 배달받고 의사에게 원격진료를 받으면서 안전한 삶을 영위할 수 있겠죠. 그렇지만 더 많은 사람은 위험을 불사하고 나가서 일을 해야만 해요. 누군가는 음식을 포장해야 하고, 누군가는 배달을 해야 하죠. 어쩔 수 없이 밖에 나와서 일을 할 수밖에 없는 거예요. 끔찍한 세상이지요. 이런 식의 종말은 받아들일 수 없어요. 우리는 다른 방식의 종말을 원해야 합니다.

재난을 수용하는 5단계 : 맞서 싸울 전략 수립하기

이택광   사람들은 지금의 상황을 전쟁과 비교합니다. 이런 식의 팬데믹 상황은 유럽 계몽에 대한 큰 도

전이라고도 볼 수 있을 것 같아요. '표현의 자유'나 '인권', 그리고 '국가의 역할' 등 인류의 삶 전반에 관해 처음부터 모두 다시 생각해보고 재정립해야 할 시점 아닐까요.

지적   사실 많은 사람이 이미 이런 상황이 올 거라고 예견한 바 있어요. 안정된 세상에 살고 있다가 어느 날 갑자기 난데없이 코로나19가 발생했다고 생각한다면 오산이에요. 독감이나 코로나19 같은 전염병 바이러스는 언제든지 나올 준비를 하고 있었어요.

:   우리는 이제 바이러스와 공존하면서 바이러스를 통제하는 법을 배워야 해요. 어떤 이들은 인정하고 싶지 않을 수도 있겠지만 말이에요. 전에 '엘리자베스 퀴블러 로스의 죽음을 수용하는 5단계 이론'을 차용해서 '재앙을 수용하는 5단계'를 설명하는 글을 쓴 적이 있습니다.

:   재앙을 받아들이는 다섯 단계 중 첫 번째는 부

엘리자베스 퀴블러 로스의 죽음의 5단계

스위스 정신과 의사 엘리자베스 퀴블러 로스^{Elisabeth Kübler-} Ross는 죽음을 대면하는 인간 심리를 '부정-분노-협상-우울-수용'으로 5단계화한 이론을 발표하여 죽음의 대가이자 호스피스 운동의 어머니로 불린다.

정이에요. 그 예가 바로 트럼프 대통령이죠. '이 상황은 사라질 것이다. 곧 좋아질 것이다'라고 말하면서 현실을 인정하지 않는 겁니다. 그다음은 분노예요. 트럼프 대통령이 '중국이 바이러스를 퍼뜨렸다', '이것은 차이나 바이러스^{China Virus}다' 같은 표현을 쓰고, 팬데믹의 원인을 다른 나라 탓으로 돌리는 상황 같은 것이죠. 그다음은 협상이에요. '이것은 아무것도 아니야', '뭔가 해보자' 이러다가 상황이 좀처럼 나아지지 않으면 금세 또 우울에 빠집니다. 지금 많은 사람이 무력감에 빠지고 코로나 블루^{Covid Blue}를 경험하고 있듯 말입니다. 이 과정을 거쳐서 우리는 결국 코로나19라는 재앙을 수용하는 단계에 이르게 될 겁니다.

여기서 수용의 단계는 '그래, 아무것도 하지 말자'가 절대 아니에요. 아무것도 하지 않고 순종하는 것은 결코 해법이 될 수 없다는 것을 명심해야 해요. '이제 새로운 시대에 진입했으니 이 현실과 함께 살아갈 방법을 찾아야지' 하는 마음을 가져야 해요. 수용이란 점진적으로 상황과 맞서 싸울 전략을 수립하는 태도를 의미합니다. 지금은 아주 중대한 순간이에요. 만약 우리가 바라는 것처럼 감염이 급격히 감소한다고 칩시다. 그렇다면 안심해도 좋을까요? 위기가 그렇게 끝날 거라고 생각하면 큰 오산이죠. 이것은 시작일 뿐이에요. 절망스러운 가운데 그래도 희망이 있다고 느끼는 것은 서양의 정치가들이 예전에 미쳤다며 외면하던 제 이야기를 조금이라도 귀 기울여 듣기 시작했다는 점이에요.

———

아무것도 하지 않는 것은,

결코 중립적인 것이 아니며,

어떤 의미를 갖는다.

그것은 기존 지배 관계에 ˈ예ˈ 라고

순종하는 것이다.

슬라보예 지젝 Slavoj Zizek

———

포스트 코로나 뉴노멀

이택광   수용의 단계는 '그래, 아무것도 하지 말자'가
아니라 '맞서 싸울 전략을 수립하는 태도'라는
말씀이 와닿네요.

지젝   현재 미국이나 유럽의 대중심리에는 우려스러운
면이 있어요. 이스라엘이나 미국에 있는 친구들
의 얘기를 들어보면, 처음엔 코로나19를 두려워
하던 사람들이 요즘은 별 상관하지 않고 마음껏
밖에서 돌아다니기 시작했다고 해요. 외출하는
사람도 늘고, 카페는 사람들로 가득 차 있죠. 전
이러한 상황이 비이성적이라고 봅니다. 처음에
는 전염을 예방하기 위해 봉쇄와 거리 두기를 매
우 엄격하게 지켰지만, 점차 혼란을 겪고 있는 것
같아요. 정부나 의료계는 계속 오락가락하면서
모순된 지침을 내놓고 있어요. 대중은 무슨 일이
일어나고 있는지 이성적으로는 이해하지만 정신

적으로는 받아들일 준비가 전혀 안 돼 있어요. 많은 사람이 코로나19를 아주 재수 없는 농담 혹은 악몽이라고 치부하고 있어요. 잠에서 깨어나면 하루아침에 모든 것이 좋아지고 정상화될 거라고 생각하고 있는데, 절대 아니에요! 우리는 이 상황을 받아들여야만 해요. 이게 우리의 현실이에요.

당신은 코로나 블루^{COVID BLUE}입니까?

- 코로나 블루 = COVID19 + BLUE(우울감)

- 코로나19와 우울감이 합쳐진 신조어. 코로나19 사태의 장기화로 일상에 많은 변화를 겪으면서 생긴 무력감이나 우울감을 뜻함.

- 문화체육부와 국립국어원은 코로나 블루를 대체할 우리말로 '코로나 우울' 선정.

- '코로나 블루'를 경험한 적이 있다

  YES 84.3%

  NO 15.7%

- '코로나 블루'를 느낀 가장 큰 이유는?

  31.4%   사태 장기화로 인한 지루함

  27.5%   외출 및 출근 자제로 인한 답답함

  21.6%   바이러스 감염에 대한 불안감

  13.7%   '사회적 거리 두기'로 인한 고립감

   5.8%   기타('독박 육아' 등)

3. 급소를 가격당한 자본주의의 위기

영화 〈킬빌〉과 코로나19

코로나는 자본주의를 공격하는 오지심장파열술

이택광   코로나 바이러스가 글로벌 자본주의에 미친 위
력을 쿠엔틴 타란티노^{Quentin Tarantino} 감독의 〈킬빌
^{Kill Bill}〉이란 영화에 비유하신 칼럼을 봤어요. 코
로나 바이러스가 자본주의 체제를 공격하는 궁
극의 무공이 될 수 있다는 비유가 상당히 흥미
롭더군요.

지젝   영화 〈킬빌〉에서처럼 누군가의 침입을 받았을

━━━━

우리는 단순히 '의학적인 비상 사태'에 처한 게 아니에요.

명령을 수용하고, 상황이 나아지기를 기대해야 하는

위기에 처한 게 아니라는 말입니다.

우리는 지금 정치적인 상황에 놓여 있는 거예요.

코로나 바이러스는 우리 인류가 그동안 만들어온

시스템의 한계를 드러냈어요.

그러니까 지금부터 우리가 싸워야 할 대상은

바이러스가 아니라 사회적인 시스템인 겁니다.

━━━━━

때 가만히 숨어서 지켜보고 있다면 괜찮아요. 하지만 그 상황에 일어나서 움직인다면 바로 죽게 돼요. 현재 상황과 비슷하죠. 전에는 너무 심하게 모든 것을 차단하는가 싶더니, 사람들이 이제는 반대로 행동하고 있어요. 사회적 거리를 유지할 때는 그래도 어느 정도 안전을 보장할 수 있었어요. 사람들이 막 움직이기 시작한 지금이 가장 위험해요. 음식을 구하고, 쇼핑하는 등 경제 활동을 위해 사람들이 움직이면 움직일수록 위험에 처하게 되어 있어요. 코로나 바이러스는 글로벌 자본주의를 공격하는 '오지심장파열술'[14] 이 될 수 있어요. 코로나19로 인한 팬데믹 상황에서 물리적 거리를 유지하는 것은 타인에 대한 존중의 표현입니다. 나도 바이러스 숙주가 될 수 있기 때문이에요.

---

14 五指心腸破裂術, The Five Point Palm Exploding Heart Technique. 말 그대로 다섯 손가락을 사용해 상대의 심장 주위의 혈맥을 터뜨리고 결국 심장을 파열시켜 죽음에 이르게 하는 최강의 암살 기술.

쿠엔틴 타란티노 감독의 영화 〈킬빌 2〉에는 '오지심장파열술'이라는 궁극의 무공이 등장한다. 베아트릭스에게 5개의 점을 가격당한 빌은 짧은 대화 뒤 다섯 걸음을 떼자 심장이 파열되어 죽는다. 이 장면에서 매혹적인 것은 공격을 당한 시점과 죽음을 맞는 시점 사이에 시차가 존재한다는 점이다. 죽지 않은 그 순간에도 죽음은 이미 확정되어 있다.

일부에선 이번 사태가 중국 공산주의 체제에 가해진 일종의 사회적 차원의 오지심장파열술이라고 여기고 있는 것이 아닐까? 나는 그렇게 생각하지 않는다. 이번 감염증 유행은 전 지구적 자본주의 체제에 가해진 오지심장파열술이다. 우리가 지금까지 유지해온 자본주의 체제가 더는 계속될 수 없다는 징후이고, 급진적인 변화가 필요하다는 신호다.

슬라보예 지젝이 러시아 언론 〈RT〉에 기고한 칼럼 중

:   지금 우리는 자본주의 경제의 발전 뒤에 숨겨져
            있던 대가를 치르는 중이에요. 우리는 그동안 바
            이러스가 쉽게 전염될 수 있는 환경을 계속 만
            들어온 것이나 다름없어요. 새로운 바이러스가
            계속 나타나는 것은 어찌 보면 당연한 일이죠.

세상을 파는 가게 앞에 선 우리

이태광   앞서 말씀하셨듯, 도널드 트럼프 대통령 같은
            사람들은 코로나19 사망자가 계속 증가하는 상
            황에도 경제를 재가동해서 신속한 경기 회복을
            도모해야 한다고 거듭 강조하고 있는 게 사실입
            니다. 이 같은 신자유주의적 자본주의 시스템이
            코로나19 상황을 더욱 악화시키고 있다고 우려
            하고 계신 거죠?

지젝   네, 지금 우리가 처한 현실을 시사하는 유명한 SF
            소설이 있어요. 로버트 셰클리[15]의 〈세상을 파는

1959년 〈플레이보이〉 9월호에 처음 발표된 로버트 셰클리의 SF 단편소설. 핵전쟁 이후 처참한 현실에서 사람들이 과거의 평화로운 일상을 잠시 경험하기 위해 전 재산과 10년의 수명을 바친다는 내용이다. 2017년 제작된 폴 프랭클린Paul franklin 감독, 줄리언 샌즈Julian Sands, 올리비아 윌리엄스Olivia Williams 주연의 16분짜리 단편영화 〈이스케이프ESCAPE〉의 원작 소설이다.

가게〉라는 단편소설인데요. 핵전쟁 이후 사람들이 좋았던 과거를 잠깐이라도 다시 경험하기 위해서 전 재산을 바친다는 이야기예요. 이 소설은 유명한 배우들이 주연한 영화로도 만들어졌는데요. 현재의 코로나19 상황과도 상당히 흡사하지 않나 싶어요.

과거를 잊고 새로운 세계를 맞이할 순간

지젝   과거는 이미 지나가버린 상황이에요. 이제 우리는 앞으로의 세계에 맞서야 해요. 미국처럼 경제 정상화를 위해 수많은 사람을 죽음의 위험에 노출시켜서는 안 돼요. 현재 세계에는 빈곤한 사람이 너무나 많아요. 어쩌면 바이러스의 위협보다 더 좋지 않은 현실을 살아가는 이들이 세계 곳곳

---

15 Robert Sheckley. 앨빈 토플러가 그의 작품을 교과서에 수록해 가르쳐야 한다고 극찬한 미국의 SF 작가, 〈세상을 파는 가게〉, 《사람의 손이 아직 닿지 않았다》, 《우주 시민》 등 현대 문명을 비판적 시각으로 다룬 소설을 주로 집필.

에 있습니다. 감염의 위험성보다는 당장 식구들을 먹여살리고 보금자리를 구하는 일이 더 시급한 사람들 말입니다. 우리는 어쩌면 그런 사람들이 위험에 노출되는 것을 알면서도 모르는 척하는 것일 수도 있어요. 이런 상황이 계속된다면 바이러스로부터 보호받을 수 있는 사람과 그렇지 못한 사람 간의 양극화는 더욱더 심각해질 수밖에 없습니다.

： 뿐만 아닙니다. 코로나19 이후 디지털 미디어의 힘은 더욱 막강해졌어요. 덕분에 구글이나 페이스북 같은 기업을 보유한 국가는 엄청난 제어 능력을 갖게 되었죠. 대기업과 국가 기관들에 의해 디지털 미디어는 점점 더 통제되고 있어요.

： 생물학적 바이러스 사태가 우리 사회에 내재되어 있던 이데올로기 바이러스의 폭발로 이어질 수 있다는 것도 우려스럽습니다. 가짜 뉴스, 편집증적인 음모론, 인종주의 같은 것들 말이예

요. 제가 더 심각하게 생각하는 것은 이런 문제들이 폭동으로 이어질 수도 있다는 점입니다.

：우리는 '의학적인 비상 사태'에 처한 게 아니에요. 단순히 명령을 수용하고 상황이 나아지기를 기다려야 하는 위기에 처한 게 아니라는 말입니다. 우리는 지금 정치적인 상황에 놓여 있는 거예요. 코로나19 바이러스는 우리 인류가 그동안 만들어온 시스템의 한계를 드러내고 있어요. 그러니까 지금부터 우리가 싸워야 할 대상은 바이러스가 아니라 사회적인 시스템인 겁니다.

：이럴 때일수록 정부 역할의 중요성을 인정하고 정부를 제어하는 동시에 신뢰해야 합니다. 전 세계가 감염병 위기에 처한 상황에서 시장에 모든 것을 맡기는 신자유주의적 발상은 위험합니다. 국가의 적절한 개입이 필요해요. 자본주의 사회는 이미 코로나19로 인해 재창조되고 있습니다. 우리는 달라져야만 합니다.

4. 세계는 연결되어 있고 위기는 계속될 것이다

전 지구적 협력만이 유일한 해답

포스트 코로나 시대, 뉴노멀은?

이택광   코로나19 이후 많은 것이 달라졌습니다. 빠른
         속도로 디지털 전환이 일어나면서 예전과는 다
         른 여러 가지 생활 모습들이 나타나고 있고요, 이
         미 많은 사람이 '뉴노멀'[16]에 대해 논의하고 있
         습니다. 앞으로 도래할 뉴노멀 시대, 어떻게 예
         상하십니까?

---

16   New Normal. 시대 변화에 따라 새롭게 부상하는 표준.

———

지금 코로나19로 개선된 대기질이

오히려 앞으로 더 심각한 고온과 더 강한 계절풍을

예고하는 것일 수도 있습니다.

그건 또 다른 재앙이겠죠.

그게 문제예요.

이 세상은 너무나 복잡해요.

우리가 사는 세계는 너무나 복잡해서

어느 한 곳에서 문제가 발생하면

곧바로 다른 곳에까지 영향을 미치게 되어 있어요.

항상 새로운 문제에 대처할 준비를

하고 있어야만 해요.

———

뉴노멀 New Normal

- 시대 변화에 따라 새롭게 떠오르는 기준, 표준을 뜻하는 신조어.

- 2008년 글로벌 금융위기 이후 새롭게 나타난 세계 경제의 특징을 통칭하는 경제 용어에서 유래.

- 미국의 벤처 투자가 맥너미 R. McNamee 가 저성장, 저소득, 저수익률, 고위험을 특징으로 하는 새로운 경제적 기준을 제시하면서 처음 사용한 용어.

- 이전에는 비정상적인 것으로 보였던 현상과 표준이 점차 아주 흔한 현상과 표준이 되어간다는 의미.

- 중국은 뉴노멀 대신 신창타이 新常態 (새로운 정상 상태)라는 표현을 주로 씀.

지젝	너무나 많은 추정과 가설이 제기되고 있어서 명확히 말씀드리긴 어렵지만, 저는 백신이 개발되지 못하더라도 크게 걱정할 필요는 없다고 생각해요. 현대 의학의 발달로 사람들의 건강 상태를 파악하고 치료하는 것이 어느 정도는 가능하니까요. 하지만 위기는 계속될 것이고, 계속해서 새로운 형태의 생활 모습이 나타나겠지요. 예를 들면, 코로나19 이후 수만 명이 자전거를 타기 시작했어요. 전 세계적으로 자전거가 유행하고 있습니다. 환경을 보호하고 건강을 관리할 수 있는 자전거가 새로운 화두가 된 것이지요.
이택광	저도 자전거를 즐겨 탑니다. 제 주변에도 새 자전거를 구입한 친구가 있는데, 뉴노멀 때문이었나 봐요. (웃음)
지젝	미국에서도 자전거가 새로운 트렌드로 떠오르고 있다고 하더군요. 수많은 뉴노멀이 있겠지요.

포스트 코로나 뉴노멀

아마 사회적 거리 두기는 계속 유지될 겁니다. 저는 그러다 보면 사람과 사람의 관계가 오히려 더 돈독해지지 않을까 하는 생각이 드네요. 위험 때문에 자주 만날 수 없으니까 인간관계가 더 소중하게 느껴진다고나 할까요. 그리고 남녀 관계는, 글쎄요. 예전에는 하루 만에도 가능하던 것들이 조금 더 조심스러워질 것 같네요. 아무래도 처음 만난 남녀 사이의 원나이트스탠드^{One-night stand} 같은 것은 어려워지겠죠? (웃음)

이택광   아마도 그렇겠지요. (웃음)

코로나는 지구 온난화와 경제 위기의 예행 연습

지젝   사실, 제가 꼭 강조하고 싶은 이야기는 이거예요. 유럽의 철학자 브루노 라투르[17]는 "코로나 19 사태는 미래에 올 지구 온난화와 경제 위기에 대한 예행 연습일 뿐이다"라고 말했는데요,

저는 이 의견에 전적으로 공감합니다. 더 늦기 전에 대기 오염과 환경 문제에 관심을 기울여야 합니다.

이택광   코로나19로 공장이 멈추고 자동차 운행이 줄어들면서 한 가지 순기능이 나타나긴 했어요. 도심에 야생동물이 출현하는가 하면, 스모그와 수질 개선 효과가 나타나고 있어요. 이탈리아 베네치아 운하의 수질이 깨끗해지면서 물고기 떼가 나타난 것 보셨나요?

지젝   네, 맞아요. 인도 뉴델리에서 30년 만에 처음으로 히말라야를 볼 수 있다는 소식을 듣고 모두들 기뻐했지요. 중국의 하늘이 얼마나 맑아졌는지 찍은 위성사진도 보셨나요? 그런데 이게 마

---

17   Bruno Latour(1947~). 프랑스 과학기술사회학자(STS, Science Technology Studies), 인류학자, 철학자.

냥 기뻐할 일만은 아니에요. 기상학자들은 이렇게 경고합니다. 지금 코로나19로 개선된 대기질이 오히려 더 심각한 고온과 더 강한 계절풍을 예고하는 것일 수도 있다고 말이에요. 그건 또 다른 재앙이겠죠. 그게 문제예요. 이 세상은 너무나 복잡해요.

이택광　　코로나19로 이동을 제한하면서 나타난 변화를 지구 환경 복원의 사인으로 받아들이는 것은 시기상조일 수 있겠죠. 방심할 수 없는 상황이에요. 코로나19 위기를 계기로 우리가 놓치고 있던 문제들을 제대로 눈여겨 볼 필요가 있을 듯해요.

지젝　　　세계는 복잡하게 서로 연결되어 있어서 그 무엇이든 걸림돌이 되거나 문제를 일으킬 수 있어요. 호주나 뉴질랜드 같은 섬나라는 지리적 특수성 때문에 예외가 될 수도 있지만요. 외부와의 접촉을 피할 수 있는 특별한 환경이 아니라면

서로 영향을 주고받을 수밖에 없습니다. 어느 한 곳에서 문제가 발생하면 곧바로 다른 곳에까지 영향을 미치게 되어 있어요. 항상 새로운 문제에 대처할 준비를 하고 있어야만 해요. 그러기 위해서 국가는 지역사회의 문제를 놓치지 않고 파악하는 동시에 국제사회와 긴밀하게 협력할 필요가 있습니다. 앞으로의 세상에선 협력하지 않고는 어떤 상황에도 대처할 수 없을 겁니다.

이택광　위기 극복의 열쇠는 국제 협력이 될 수 있겠네요.

똑똑한 자본주의자 빌 게이츠의 경고

지젝　똑똑한 자본주의자인 빌 게이츠^{Bill Gates}도 바로 그 점을 알고 행동하고 있어요. 빌 게이츠는 이미 오래전부터 바이러스의 위험을 경고해왔어요. 어느 한 나라의 문제가 아니라 전 세계 어디서나 일어날 수 있는 문제이기 때문에 함께 준

빌 & 멜린다 게이츠 재단 Bill & Melinda Gates Foundation

- 빌 게이츠와 그의 아내가 2000년에 설립한 단체로 세계보건기구WHO에 두 번째로 많은 기부금을 기부하는 단체.

- 중국에 코로나19 기부금 500만 달러를 제공하는가 하면 백신 개발을 위해 3억 달러 투자.

- 팝스타 마돈나도 코로나19 위기 극복에 동참하는 의미로 빌 & 멜린다 게이츠 재단에 100만 달러 기부.

만약 앞으로 몇십 년간 무엇인가가

1000만 명 넘는 사람들을 죽인다면 그것은 아마도

전쟁이 아니라 전염성이 매우 강한

바이러스일 것이다.

빌 게이츠, 2015. TED 강연 중

정부 당국은 핵무기가 수백만 명을

죽일 수 있다며 심각해하지만

테러리스트가 바이러스를 활용한다면

수억 명도 죽일 수 있다.

전염병이 핵폭탄이나 기후 변화보다

훨씬 위험할 수 있다.

빌 게이츠, 2017. 2. 18. 독일 뮌헨 안보 컨퍼런스에서

세계는 전쟁을 준비하듯

진지한 방식으로

대대적인 전염병, 팬데믹을

준비해야 한다.

빌 게이츠, 2018. 4. 27. 의학 학술지 〈NEJM〉 중

비해야 한다고 말이죠. 빌 & 멜린다 게이츠 재단이 코로나19 백신 개발에 어마어마한 돈을 쾌척한 것도 바로 국제 협력의 중요성을 알기 때문일 겁니다.

영화보다 더 영화 같은 우리의 현실

지젝   많은 사람이 요즘 상황을 두고 영화 같다고들 하는데요, 저도 이 상황이 아주 오래전에 보았던 영화 같다는 생각이 드네요. 〈자도즈 zadoz〉[18]나 〈로건즈 런 Logan's Run〉[19] 같은 영화를 보닌 격리된 무균 지역에 살면서 물질적으로 부패한 실재 세계를 갈망하는 집단 이야기가 나오잖아요. 그 외에도 인류가 이와 비슷한 곤경에 처하는 상황을 예견한 영화가 무수히 많지요.

---

18   존 부어맨 감독, 숀 코너리 주연의 SF영화. 1973년작.
19   윌리엄 F. 놀란과 조지 클레이튼 존슨이 쓴 유명 소설을 원작으로 제작한 마이클 앤더슨 감독의 SF 액션 영화. 1976년작.

이택광 　　저는 〈엘리시움Elysium〉[20]이란 영화가 생각나네요. 지구라는 버려진 세상과 선택받은 1%를 위한 세상인 엘리시움 두 세계가 나오잖아요.

지젝 　　바로 그런 거죠. 보이지는 않지만 여전히 위험에 노출된 채 밖에서 일하는 사람들이 있고, 극히 일부 선택받은 사람들만 안전하게 격리된 생활을 하는 그런 상황인데, 이게 영화가 아니라 현실이 된 겁니다. 이런 상황을 고착시키지 않으려면 서로 힘을 합치는 수밖에 없어요. 국가적으로 고립시키고 봉쇄를 취하는 식의 대중주의는 맞지 않아요. 물론 적절한 격리는 반드시 필요하겠지만 봉쇄가 답은 아니에요.

이택광 　　저도 동의하는 부분입니다.

20　닐 블롬캠프 감독, 맷 데이먼, 조디 포스터 주연의 SF 액션 영화. 2013년작.

중국은 재앙을 이미 예상하고 있었다

지젝   동아프리카나 아랍 국가에서 메뚜기 떼의 습격이 일어나자 중국 정부가 그것을 막기 위해 적극적으로 나섰죠. 중국은 파키스탄 정부에 원조를 약속하고, 전문가로 구성된 메뚜기 떼 퇴치 팀을 파견하기까지 했어요. 중국이 왜 그런 행동을 취한 걸까요? 그들은 지금 막지 않으면 메뚜기 떼가 중국까지 퍼질 수 있다는 위험을 감지한 거예요. 그래서 문제 해결에 적극 동참할 수밖에 없었던 거죠. 어찌 보면 참 역설적인 상황인데요. 지역 간 이동 제한이 필요한 동시에 전과는 비교할 수 없을 정도로 국제 협력이 시급해졌어요. 우리는 이제 다른 국가와 협력하는 국가, 지역사회와 협력하는 국가가 필요합니다. 그리고 제가 계속 강조하는 것처럼 국민이 신뢰하는 국가! 또 국민을 신뢰하는 국가가 필요합니다.

중국을 벌벌 떨게 한 메뚜기 떼 습격, 현실이 되다

중국 윈난성 11개 현에 몰아닥친 메뚜기 떼

아프리카의 메뚜기 떼를 막는데 필사적이었던 중국의 우려는 현실이 됐다. 2020년 6월 말부터 중국 윈난성 11개 현을 중심으로 대규모 메뚜기 떼가 창궐! 윈난성은 이미 무인 드론과 3만 5000여 명이 넘는 방제 인력을 투입, 메뚜기 떼의 피해를 막기 위해 총력을 기울이고 있다.

중국 연이은 재난 쇼크, 식량 안보 위협

중국 정부의 싱크탱크 사회과학원의 보고서에 따르면 2025년까지 1억 3000만 톤 규모의 곡물 부족 사태를 겪게 될 우려가 높다.

코로나19보다 위험할 수 있는
지구 온난화로 인한 재앙의 징후들

기후 변화 속도가 더디다는 주장은

판타지 동화 수준의 착각이다.

우리의 일상 자체가 종말을 맞이할 것이다.

일상이 더 이상 존재하지 않게 될 것이다.

인류는 물론 우리가 문화와 문명이라고 일컫는

모든 것을 자식처럼 길러낸 기후 시스템은

이제 고인이 된 부모나 마찬가지다.

오늘날 우리가 곳곳에서 목격하는 재난은 미래에

지구 온난화가 초래할 재난에 비하면

최상의 시나리오나 다름없다.

데이비드 월러스 웰스David Wallace-Wells,《2050 거주 불능 지구》중

1 130년 이래 최고 기온, 펄펄 끓는 시베리아

산불로 115만 헥타르 산림 소실, 한 달간 이산화탄소 5900만 톤 배출

지구상에서 가장 춥다는 시베리아가 뜨겁게 타오르고 있다. 2019년 겨울, 시베리아 기온은 기상 관측이 시작된 130년 전 이래 가장 높았던 데 이어, 시베리아 최북단 베르호얀스크의 6월 최고 기온이 무려 38도(2020년 6월 20일 기준)까지 치솟았다. 이상 고온 현상은 산불로 이어져 막대한 삼림 훼손까지 발생했다. 전문가들은 시베리아의 온난화 속도가 지구 평균보다 2배 이상 빠르다며 크게 우려를 표하고 있다.

2 세계 곳곳을 위협하는 메뚜기 떼

1km^2 메뚜기 떼 하루 150km 이동, 3만 5000명 하루치 식량 농작물 초토화

파키스탄에서 메뚜기 떼 습격으로 국가 비상 사태가 선포되었다는 소식에 이어, 세계 곳곳으로 메뚜기 떼의 피해가 급속도로 확산되는 추세다. 소말리아, 케냐,

에티오피아 등 동아프리카 지역은 물론 인도 서북부까지 메뚜기 떼가 출몰하면서 피해가 속출하고 있다. 유엔 식량농업기구FAO는 동아프리카 지역에서 메뚜기 떼가 출현한 것에 대해 "25년 만에 최악의 상황"이라며 "앞으로 1년 안에 메뚜기 떼를 퇴치하지 못해 상황이 악화될 경우 '역병'이 될 것"이라고 경고한 바 있다.

3 캘리포니아, 아마존에 이은 호주 초대형 산불

1000만 헥타르 전소, 동물 피해 30억 마리

2019년 가을부터 2020년 초까지 무려 6개월간 계속된 거대한 산불로 서울의 66배, 대한민국 국토에 맞먹는 토지를 불태워버린 호주의 초대형 산불! 막대한 인명 피해는 물론 코알라와 캥거루 멸종 위기설까지 나오는 처참한 상황이다. 기록적 폭염과 건조한 이상 기후로 인한 산불의 충격이 채 가시기도 전에 야구공만 한 초대형 우박 피해까지 발생, 기후 위기로 인한 지구의 역습이 이미 현실화되었다는 지적이 나오고 있다.

4 사하라에서 8000㎞ 건너 미국까지 고질라 먼지구름

50년 만에 찾아온 최악의 먼지구름에 뒤덮인 중남미

사하라사막에서 날아온 역대급 먼지구름이 중남미를
공포에 빠뜨렸다. 막대한 양의 사막 먼지를 포함하고 있
는 데다 밀도와 크기가 워낙 커서 '괴물 구름' 혹은 '고
질라 구름'이라는 별명까지 붙었다. 과연, 왜 고질라
먼지 구름이 중남미까지 흘러온 것일까? 미국 해양대
기청^{NOAA}에 따르면 올해 5월 대기 중 이산화탄소 평균
농도는 역대 최악의 수치인 417.1ppm!! 코로나19
봉쇄 기간 중 공기의 질이 더욱 깨끗해졌으리라는 일
반적인 기대와는 달리 실제 대기 중 오염 상태는 더욱
악화되고 있다고 전문가들은 경고했다.

5 중국·일본·인도 등 아시아 곳곳 물폭탄, 천문학적 피해

한국 54일간 역대 최장 기간 장마!

중국 중남부, 40일 넘게 이어진 역대급 폭우로 수재민 4500만 명 발생

길었던 장마는 한국만의 문제가 아니었다. 중국도 역대급 폭우와 홍수 피해를 입었고, 일본은 규슈 지방을 덮친 기록적 폭우로 70명이 넘는 인명 피해가 발생했다. 인도, 네팔, 방글라데시 등에서는 폭우로 인한 산사태까지 발생, 700명 이상의 대규모 인명 피해로 이어졌다. 역대급 비 피해는 지구 온난화의 영향으로 북극의 기온이 높아지면서 생긴 현상으로, 지구 온난화 문제를 해결하지 않는 한, 매년 비 피해가 반복될 수도 있다는 우려를 낳고 있다.

5. 코로나 시대 국가의 역할을 묻다

감시 vs 자유, 힘센 국가는 위험한가?

국가의 통제가 '전체주의적'이라고?

이택광   다른 나라와 협력하고 지역사회와 협력하는 국
        가가 필요하다는 말씀을 하셨는데요, 사실 이번
        팬데믹 상황에서 우리가 느낀 것은 국가 권력의
        전능함이 아니라 국가 권력의 한계가 아니었나
        싶어요.

지젝   마르크스주의[21]는 너무나 쉽게 정부에 반기를
        들고 국가가 소멸해야 한다고 보지만요, 저는 아

코로나로 인해 봉쇄령이 내려질 수도 있고,

사망자도 나올 수도 있겠지만요,

여기서 중요한 것은 국가와 국민 상호간의 신뢰예요.

절대적으로 믿는 것은 불가능하겠지만,

지금은 서로 신뢰를 갖는 게 무엇보다 중요해요.

정부는 제가 무슨 생각을 하는지만 통제하지 않으면 돼요.

코로나 상황에서 정부가 개인이 어딜 가는지 파악하고

통제하는 것은 전혀 두려워할 필요가 없다고 생각해요.

만약 우리 정부가 저에게 "저기 감염자가 있으니

그쪽으로는 가지 마세요"라고 알려준다면

전 정말 감사하다고 할 거예요.

조르조 아감벤 Giorgio Agamben 과 코로나

전 세계 정부가 전체주의적인 성향을 보일 때마다 비판을 서슴지 않던 아감벤은 코로나 팬데믹 사태 이후, 각국 정부와 국가의 대응에 대해 '엄청난 과잉 반응'이라고 규정하였고, 이후 끊임없는 논쟁을 낳고 있다.

"정부와 국가가 코로나 사태의 진실을 밝히지 않고
그것을 은밀하게 이용함으로써 개인의 자유와 이동을
차단하는 예외적인 상태를 연장시켜 통치를 위한
일상적 패러다임으로 삼으려 하고 있다."

"집중치료가 필요한 환자가 고작 4%에 불과한데도
'예외적인 상태'를 통제 패러다임으로 활용하고 있다."

조르조 아감벤의 말, 말, 말

———

이번 위기 상황으로 국민이 국가의 통제에
더 강하게 순응하게 되었기 때문에, 더 강력한
자본주의가 등장할 수도 있다.

프랑스 철학자 알랭 바디우 A. Badiou

우리는 지난 30년 동안 국가의 역할을 얕잡아 봤다.

독일 사회민주당 전 대표 지그마어 가브리엘 Sigma Gabriel

강대국들의 관계가 지금처럼 악화된 때가 없었다.
코로나는 한데 뭉치지 않으면 우리가 패배할 것이라는
점을 극적으로 보여주었다.

유엔 사무총장 안토니오 구테헤스 Antonio Guterres

———

포스트 코로나 뉴노멀

이택광   제가 관심을 갖는 것은 방금 말씀하신 것처럼 대중이 통제할 수 있는 국가 권력입니다. '국가의 힘'과 '시민의 힘'을 잘 구분하고, 그 사이에서 균형을 찾는 게 중요한 것 같습니다.

지젝   매우 중요한 지적이라고 생각합니다. 역설적인 질문을 하나 할게요. 사람들은 과연 정부가 바이러스를 제어하는 것을 정말로 원할까요?

이택광   네, 이념적인 환상이 있는 부분이죠.

지젝   국가가 모든 상황을 제어할 수는 없잖아요.

이택광   사람들은 그저 국가가 잘 돌아가길 바라죠.

지젝   저는 특히 한국에서 나타난 시민들의 자발적 참

여가 매우 훌륭하다고 생각해요. 그런데 중국은 좀 다릅니다. 바이러스가 확산된 초기, 패닉에 빠졌던 중국이 상황을 반전시킨 방식은 완벽하게 디지털화된 통제였어요. 검역을 위해 국가가 사람들을 통제하고 감시하는 시스템을 구축한 거예요. 모든 사람의 휴대폰에 신원 확인 앱을 깔고 QR코드를 스캔해야만 검역 라인을 통과할 수 있었습니다. 중국은 코로나19를 핑계로 국민에 대한 감시와 통제를 일상화하기 시작했어요. 전 이런 형태의 감시에는 동의할 수 없어요. 최소한 현재까지의 상황만 놓고 보면, 진정한 의미의 기적을 보여준 것은 중국이 아닙니다. 기적을 보여준 것은 한국과 홍콩이에요. 그리고 중국인들은 인정하고 싶지 않겠지만 대만도 잘 대처하고 있는 국가들 중 하나고요.

이택광　대만이나 싱가포르, 홍콩의 경우, 감염을 막기 위해 말 그대로 경제를 정지시켜버렸습니다. 공장 가동을 중지시키고 사람들의 이동을 최소화했지요. 특히 중국은 확진자 수가 급증하던 시기에 사람들의 이동을 극단적으로 막아버렸어요. 반면에 한국은 그런 적이 없습니다.

: 해외에 있는 친구들이 저에게 "록다운됐느냐?" "너희들도 격리 중이냐?" 이런 질문을 많이 하는데, 사실상 한국은 격리나 봉쇄 조치가 취해진 적이 없거든요. 방역과 경제가 어느 정도 공존하면서 바이러스 통제가 이루어졌다는 게 주목할 만한 부분이라고 생각합니다.

지젝 세계의 좋지 않은 소식을 접할 때마다 제가 주의 깊게 보는 나라 중에서 한국은 빠진 적이 없어요. 저는 한국, 홍콩, 대만, 중국의 상황을 주의 깊게 살펴보고 있습니다. 국경을 봉쇄하지 않고 상대적인 개방성을 보여주면서도 적극적인 방역 통제가 이루어진 여러분의 성공 여부를 늘 궁금해하고 있죠. 한국은 말 그대로 우리의 희망입니다.

이택광   저도 그러길 바랍니다.

지젝   그리고 궁금한 나라가 하나 더 있어요. 바로 스웨덴이에요. 스웨덴은 비교적 개방적인 정책을 택했는데 과연 성공할지 실패할지 궁금해요. 저는 강박적으로 월드오미터[23]에서 이 국가들의 코로나19 현황을 확인해요. 확진자가 얼마나 나왔는지, 사망자는 얼마나 나왔는지 늘 체크하고 있어요.

:   국가마다 방역 방식은 다를 수 있어요. 코로나19로 인해 봉쇄령이 내려질 수도 있고, 사망자가 나올 수도 있지요. 여기서 중요한 것은 국가와 국민 상호간의 신뢰예요. 절대적으로 믿는

---

23   Worldometer. 실시간 국제 통계 사이트. 유엔 인구국, 세계보건기구WHO, 국제통화기금IMF, 식량농업기구FAO, 세계은행의 자료를 기반으로 한 데이터 분석을 통해 실시간 예상 수치를 보여주는 통계 전문 사이트.

것은 불가능하지만, 지금은 서로 신뢰를 갖는 게 무엇보다 중요해요.

감시보다 더 두려운 것은 거짓 자유주의

이택광   그런 의미에서 코로나19 방역과 인권 침해 논란에 대해 얘기를 좀 더 나눠보고 싶네요. 한국 정부가 개인 정보를 활용해서 코로나19 집단 검사를 시행하는 것을 비판하는 시각도 있습니다. 한국 정부는 개인 정보를 활용해 감염 위험이 있는 집단들을 파악하고 전수 검사를 진행했어요. 그 과정에서 확진자의 동선을 공개하고 위험을 알리는 등의 시스템을 구축했고요. 그런데 프랑스 자유주의[24] 지식인들 중 일부가 한국의 이런 상황을 보고 공포를 느낀 모양입니다. 우리의 코로나19 대응 시스템이 "전체주의[25]적"이라고 지적하는가 하면 "한국은 감시 국가다"라고 비판하기도 했습니다.

지젝   저는 이러한 상황이 전체주의로 향할 것이란 말
          에 전혀 동의할 수 없네요.

이태광   투명성을 확보하려면 개인 정보를 당국에 넘겨
          야 하는데요, 이 부분이 인권 침해 혹은 사생활
          침해라고 보는 관점이 있습니다. 이런 지적에 대
          해 어떻게 생각하시나요?

지젝   제가 볼 때 유럽이나 미국에서 사회적 거리 두
          기에 반대하는 파는 포퓰리스트[26]예요. 거짓된
          자유주의자가 더 두려운 이유죠. 이 상황이 과장
          된 것이라고 하면서 조금만 관리하면 금세 일상
          생활로 돌아갈 수 있다는 식의 말을 하는 사람
          들이 있는데요, 저는 그런 안일한 태도가 더 위

---

24   liberalism. 개인의 자유를 중시하는 사상 및 운동. 사회와 집단은 개인의 자유를 보장하
     기 위해 존재한다고 봄.
25   totalitarianism. 개인은 전체 속에서 비로소 존재가치를 갖는다고 보고 국민 생활을 강
     력하게 간섭·통제하는 사상 및 그 체제.
26   populist. 대중의 인기에 영합해 일을 추진하고 권력을 유치하려는 사람, 주로 정치인.

———

코로나19 바이러스와 추적: 개인의 자유를 희생시키지 마라.

한국은 감시와 밀고, 세계 두 번째 국가.

프랑스 변호사 비르지니 프라델Virginie Pradel의 기고문, 2020. 4. 6. 〈레제코Les Echos〉

한국의 시스템은 극단적으로 사생활 침해적이다.

유럽 차원에서 이 방식을 허용할 수 있을지 모르겠다.

프랑스 감염병 학자 드니 말비Denis Malvy, 2020. 3. 18. 〈레제코〉

한국의 코로나19 대응에 대한

프랑스 의사결정자들의 거만함은 참을 수 없다.

프랑스 엘리트들의 아시아 국가들에 대한

오만방자함이라는 세균을 박멸하고

우리의 자유에 대해 더 고민할 기회가 됐다면

코로나19바이러스가 조금이라도 유익했을 것.

프랑스 기자 레지스 아르노Régis Arnaud, 2020. 4. 10. 〈르피가로Le Figaro〉

———

험하다고 봅니다.

선한 감시 vs 나쁜 감시

이택광   저도 동의합니다. 인권이 중요하지 않다거나 포기하자는 게 아니잖아요. 그동안 유럽 사회에서 자유와 인권이 무척 중요한 가치였던 것은 인정하지만, 지금은 코로나19라는 위기 상황에 맞게 인권의 개념을 재구성해야 할 때라고 생각합니다.

지젝   제가 말하는 투명성은 정부가 우리를 어떻게 통제하는가에 관한 문제예요. 개인적으로 저는 국가가 투명성을 확보하는 것에 대해서는 전혀 두려움을 느끼지 않아요. 한국 정부가 여러분의 휴대폰을 추적해서 지금 누구를 만나는지 알아내거나 개인 정보를 정치적 목적으로 활용하는 상황도 상상할 수는 있겠죠. 그런데 제 이스라엘 친구들이 해준 말이 있어요. "코로나19 이전에도 권력자들은 이미 감찰을 하고 있었다"라는 것이죠. 미국 국가안보국 ^{NSA, National Security Agency}이 모든 사람의 전화와 인터넷 통신 기록에 접근하고 정보를 수집할 수 있다는 사실, 아시죠? 그들은 평상시에도 이미 감찰을 하고 있었어요. 이는 공공연한 사실이에요.

: 그런데 방역을 위한 정보 공개는 전혀 다른 문제잖아요. 지금은 최소한 공공의 안전이라는 '선한 이유'로 통제가 필요한 시점인 거죠. 그런데도 우리가 통제당할 것 같아 두렵다고 말한다면 그거야말로 허황된 두려움이에요. 우익 자유주의자들이 코로나19 상황의 심각함을 부정하면서 계속해서 제기하는 두려움이 바로 그런 거죠.

: 정부는 제가 무슨 생각을 하는지만 통제하지 않으면 돼요. 코로나19 상황에서 정부가 개인이 어딜 가는지 파악하고 통제하는 것은 전혀 두려

위할 필요가 없다고 생각해요. 만약 우리 정부가 저에게 "저기 감염자가 있으니 그쪽으로는 가지 마세요"라고 미리 알려준다면 저는 정말 감사하다고 할 거예요.

감시는 이중성과 공존한다

이택광
미셸 푸코[27]는 현대 사회를 감시와 처벌 사회로 규정했습니다. 근대 modernity 는 항상 감시와 관련 있긴 했죠.

지젝
미셸 푸코의 말을 한국 상황에 적용하지 않았으면 싶네요. 저는 '감시'가 꼭 민중을 제어하기 위한 '통제의 수단'으로만 사용된다고는 생각하지 않아요. 감시는 민중의 자유와 함께 얼마

---

27 Michel Foucault(1923~1984). 프랑스의 철학자, 사학자. 권력의 속성을 파놉티콘 Panopticon(감옥)에 비유하고 현대 사회를 감시와 처벌 사회라고 규정.

'빅브라더' 감시 국가 논란, 진실 혹은 거짓?

1 9·11 테러 사태 이후 발효된 애국법 USA PATRIOT ACT

   민간인 사찰을 합법화했다는 비판을 받는 미국의 '애국법'

- 범죄 행위 증거 없이 종교단체 및 정치단체 감시.

- 상당한 근거 없이도 국민의 서류나 소유물의 수색, 압수 가능.

- 테러리즘 수사와 관련된 기록 제출 소환장을 받고 사실을 누설할 경우 기소 가능.

▶ **전 세계 테러리스트 정보를 공유하고 반테러 명분으로 GPS, 인터넷, 스마트폰, CCTV 등 개인 감시 토대 마련.**

2 미국 해외정보감시법 FISA, Foreign Intelligence Surveillance Act

- 'FISA 702조(해외정보 감시법)'에 따르면 미국 국가안보

국은 테러 용의자 등 범죄 위험이 있는 외국인이 국외에서 페이스북, 버라이즌, 구글 등 미국 인터넷·통신 회사들을 통해 주고받은 정보를 영장 없이 수색할 수 있음.

3 미국 국가안보국 전 직원 에드워드 스노든의 폭로

- 2013년 6월, 미국 국가안보국 계약 직원이었던 에드워드 스노든이 비밀문서들을 〈가디언〉에 폭로하면서 미국 정부의 불법 도청과 감찰 실태가 전 세계에 알려짐.

▶ 비밀 전자 감시 프로그램 '프리즘(PRISM)'을 통해 미국 주요 인터넷 기업 9곳의 서버에 접속, 개인 정보를 수집하고 불법 도청 감찰했다는 수천 건의 기밀문서가 공개되면서 미국은 물론 세계가 발칵 뒤집힌 사건.

4 영국 수사권한 규제법 RIPA 논란

- 2004년 흉악 범죄 및 테러에 대응하기 위해 강화된 수

사 권한 규제법으로 사적인 통신 기록이 조회된 사례
가 폭로되어 논란.

▶ 2005년 총 52명을 숨지게 한 런던 7·7 지하철 자살폭탄 테러 사건 당
시, CCTV를 활용해 용의자를 검거하면서 런던의 감시 체계에 대한 우
려와 비난이 높아짐.

든지 잘 이용할 수 있어요. 특히 코로나19 방역 체제 같은 감시는 시민의 자유와 함께 얼마든지 잘 작동할 수 있다고 봅니다.

이택광
그렇습니다. 민주주의는 감시의 이중성과 공존한다고 볼 수 있죠. 권력이 시민을 감시하기도 하지만, 반대로 시민이 권력을 감시하는 역할을 할 수도 있으니까요. 실제로 한국에서 시민의 감시가 제대로 작동한 사례가 있죠. 지난 정부의 탄핵 사건 같은 게 바로 그런 경우죠.

지젝
중요한 말씀입니다. 다시 말씀드리지만, 지금 우리에게 필요한 국가란 어떤 국가인가 잘 생각해보았으면 좋겠어요. 우리는 지금 마르크스주의에서 이야기하는 국가의 소멸이 필요한 게 아니에요. 지금 상황에서 우리에게는 강한 국가가 필요합니다. 다른 국가와 협력하는 국가, 지역사회와 협력하는 국가가 필요합니다. 코로나19

상황을 제대로 통제하고 국민들의 삶을 제대로

도울 수 있는 그런 '힘센 국가' 말입니다.

6. 새로운 삶의 방식을 발명하라!

인류 공존을 위한 새로운 법칙, 공산주의?

인류가 함께 나누고 지켜야 할 공적인 것들

이택광　　　국가간 협력의 중요성에 충분히 공감합니다. 어
　　　　　떻게 하면 국가간 협력을 이룰 수 있을까요?

지젝　　　　과거의 방식으로는 해답을 구할 수 없어요. 새
　　　　　로운 삶의 방식이 필요해요. 가장 중요한 것은
　　　　　공적 영역이에요. 인류가 계속 공적 영역으로
　　　　　남겨야 할 부분들을 지키고 함께 나누려는 노력
　　　　　이 필요합니다. 한때 우리가 공적 영역으로 여

―――

우리는 말 그대로 새로운 삶의 방식을

발명하도록 강요받고 있습니다.

이것은 정치적인 문제입니다.

저는 우리에게 공산주의가 필요하다고 주장합니다.

물론 저는 미친 게 아니에요. 북한을 말하는 게 아니에요.

중국과 비슷한 국가를 이야기하는 것도 아니에요.

저는 과거에 이걸 전시(戰時) 공산주의에 가깝다고 표현했어요.

생존의 문제인 거죠. 정말 중요한 것들의

수요와 공급은 시장 논리만으로 결정되어선 안돼요.

―――――

졌던 것들을 사람들은 이제 사적인 공간으로 활용하고 있어요. 적어도 '공공의 것'은 공공재로 남겨둬야죠. 우리는 공공의 것을 위해 싸워야 해요.

이택광   좋은 말씀이시네요. 세계가 공유해야 할 공공의 것이라면 어떤 것들이 있을까요? 조금 더 자세히 말씀해주시겠어요?

지젝   마르크스가 얘기한 공공 개념은 함께 쓰는 공동 자원을 말해요. 예를 들어 공기, 물, 자연처럼 인간이 기본적인 생활을 영위하는데 필요한 것들을 말하지요. 현대 사회를 놓고 보면 인터넷 세상을 포함한 디지털 미디어도 우리의 공동 자원이라고 할 수 있습니다. 만약 정부가 너무 심한 개입을 통해 이러한 것들을 소유하려고 한다면 큰 문제가 생길 수 있다고 생각해요.

이택광   현 시점에서 디지털 미디어가 독점화되는 것을
         우려하시는 거죠?

지젝   맞아요. 중요한 것은 이거예요. 작가 나오미 클
         라인[28]의 말을 빌리자면 "우리가 의지해야 할
         디지털 네트워크는 민영화되지 않는다"는 점이
         에요. 나오미 클라인은 재해 상황에서 국민들이
         충격과 공포로 혼란을 겪고 있을 때 일부 대기업
         이 디지털 네트워크를 독점하게 되는 것이야말
         로 불평등의 원인이 될 수 있다고 지적했습니다.

가난한 사람을 더 가난하게 만드는 자본주의의 함정

지젝   예를 들어, 우리는 모든 것을 너무 아마존에 의
         존하고 있어요. 한국은 어떤지 모르겠지만요.

---

28   Naomi Klein. 캐나다 출신 세계적 저널리스트이자 베스트셀러 작가. 반세계화 진영을
     이끄는 진보적인 운동가.

나오미 클라인 Naomi Klein 의 재해 자본주의 경고

작가 나오미 클라인은 그녀의 저서 《쇼크 독트린 The Shock Doctrine》을 통해 '재해 자본주의'의 위험성을 경고했다.

- 재해라는 쇼크 shock를 기회 삼아 이윤을 극대화하고 시장 지배력을 강화하려는 기업의 탐욕 비판.
- 구글, 아마존 등 글로벌 플랫폼 기업들이 교육과 의료 서비스를 독점하게 될 경우 불평등과 인권 침해로 이어질 우려가 있다고 지적.

이택광   한국은 아직 아마존 의존도가 크지 않아요.

지젝   다행이네요. 사실, 제가 쓴 책의 60~70%는 아마존을 통해 유통되고 있습니다. 사기업이 제어한다고도 볼 수 있지요. 이러한 유통 대기업은 자기 회사만의 기준으로 움직이기 쉬운데, 저는 공동을 위해 제어되는 것이 중요하다고 생각해요.

:   18세기부터 이어져온 영국 좌파의 논쟁에 따르면 민영화는 인위적인 부를 창출합니다. 자본주의가 진행될수록 우리 사회에 일부를 차지하는 부자들은 계속 부자가 될 뿐이고 나머지 사람들은 더욱더 가난해지고 있어요.

:   예를 들어볼까요. 이택광 선생님이 지금 물을 자유롭게 이용할 수 있는 시골에서 살고 있다고 가정해봅시다. 누군가의 소유가 아닌 공용 자원인 물을 자유롭게 쓰고 있는 것이지요. 그런데 만약 물이 오염되어서 어떤 개인사업자가 물을 정화시킨 다음 판다고 생각해봅시다. 자본주의

사회의 방식에 따르면 그는 금세 부유해지겠지요. 물을 팔아서 억만장자가 될 수 있을 테니까요. 그런데 잘 생각해보세요. 물은 그 누구의 자원도 아니기 때문에 본인의 '부富'라고 말할 수 없는 거 아닌가요? 물을 사 먹는 사람들 입장에서 보자는 거예요. 물이 오염돼서 예전에는 공짜로 쓰던 물을 돈 주고 구입하게 된 거죠. 이런 것이 바로 자본주의예요.

이택광   그게 바로 자본주의 시스템이죠. 그래서 이번 팬데믹 상황을 통해 이러한 패러다임에 문제가 있다고 주장하는 목소리들이 나오고 있는 거고요.

새로운 시스템으로서의 공산주의

지젝   나의 친구들과 적을 비롯한 모든 여러분! 저는 지금 이 상황에서 우리에게 공산주의가 필요하다고 주장하고 싶습니다. 물론 저는 미친 게 아니에요. 북한을 말하는 게 아니고 중국과 비슷한 국가를 이야기하는 것도 아니에요. 공산주의를 찬양하고 있는 것이 결코 아닙니다.

제가 말하는 공산주의는 단순합니다. 지금까지 경제가 상당히 잘 돌아가던 국가들을 보면 국제시장과 수익성에 기반을 둔 경제 체제를 운영하고 있었습니다. 바로 글로벌 자본주의죠. 자본주의가 아닌 체제는 상상조차 하기 힘들었어요. 그런데 이제 기존 시스템으로는 우리가 지금 처한 위기를 돌파하기 힘들어 보입니다. 물론 한국은 가능할지도 모르겠지만요. 그러나 전 지구적 관점에서 볼 때, 전 세계가 시장 원리에 따라 이 위기를 돌파하는 것은 불가능하다고 봅니다. 어떤 위기 상황에도 누구나 기본적인 삶을 위해 필요한 것들, 예를 들면 물, 전기, 쓰레기 처리, 인터넷 등은 최소한 보장되어야 하는 거잖아요.

이택광   그렇다면 선생님께서 생각하는 공산주의라고 부를 수 있는 상황은 어떻게 해야 이룰 수 있다고 보시나요?

지젝: 오해 없으셨으면 해요. 저는 결코 공산주의자가 아닙니다. 사람들은 제가 꿈을 꾸고 있다고 하는데 절대 아닙니다.

이택광: (웃음) 제가 보기에도 꿈은 아닌 것 같군요.

지젝: 코로나19 사태로 인해 공산주의가 부활할 거라고 기뻐하고 있는 것도 절대 아니에요.

이택광: 그럼요. 그런 뜻이 아니라는 걸 이해합니다.

지젝: 당연히 저도 편안한 지금 우리의 생활이 좋습니다. 하지만 직면한 위기를 돌파하기 위해서 지금 세계의 지도자들이 다른 규칙을 따르기 시작했다는 것을 아셔야 해요. 심지어 보수주의자라

고 자처하는 서양의 지도자들까지 말입니다. 도
널드 트럼프 미국 대통령이나 보리스 존슨 영국
총리, 그리고 프랑스와 독일 정부에서도 지금
새로운 논의들이 나온다는 것이 바로 그걸 반증
하지요.

이택광　　실제로 유럽에서도 국가 차원의 적극적인 지원
　　　　　책들이 나오고 있죠?

지젝　　영국을 한번 보세요. 철도 국유화 주장을 강력하
게 비판해오던 존슨 총리가 코로나19 사태 극복
을 이유로 철도 국유화를 발표했습니다. 각국 정
부가 국가 재정을 가지고 지금 무엇을 하고 있는
지 살펴보세요. 수십억 혹은 수조 달러의 지원금
을 ―물론 그들이 뭔가를 조작해서 많은 부분이
기업체로 흘러 들어가기는 했지만― 사람들에
게 무상으로 지급하고 있습니다. 기본적으로 이
것은 자본주의자의 논리가 아니에요.

이태광	코로나 이전에는 상상할 수조차 없었던 일이죠.
지젝	이런 일이 실제 일어나고 있는 이유는 뭘까요? 가장 보수적이라는 그들마저도 인지하고 겁니다. 이 상황에서 국가는 사람들이 최소한의 기본적 욕구와 필요를 충족할 수 있도록 돕는 역할을 수행해야 한다는 걸 말이죠.

재난 극복을 위한 공권력의 개입 : 전시 공산주의

지젝	제가 말하는 공산주의가 뜻하는 것은 부유함이 아니에요. 최소한의 생활 수준을 유지할 수 있도록 돕는 것을 말합니다. 저는 과거에 이것을 전시戰時 공산주의에 가깝다고 표현했어요. 생존의 문제인 거죠. 정말 중요한 것들의 수요와 공급은 시장 논리만으로 결정되어서는 안 돼요. 시장 바깥에서 생산과 분배를 조정할 필요가 있습니다. 물론 경쟁은 필요해요. 경쟁이 없다면 부

세계 각국이 재난에 대처하는 방법

영국

- 노동당이 주장해온 철도와 상수도, 우편 서비스, 광대
  역 인터넷망 국유화에 반대 의견을 굽히지 않던 영국
  정부가 2020년 3월 코로나19 사태 극복을 위해 철도
  를 일시적으로 국유화하겠다고 전격 발표.

미국

- 연소득 7만 5000달러 미만인 국민에게 1인당 1200달
  러(약 144만 원)의 긴급재난지원금 Economic Impact Payments 을
  현금으로 지급.

- 국방 물자 생산법 Defense Production Act 발동, 자동차업체
  GM에 산소호흡기 생산 긴급 명령.

- 뉴욕시 노숙자들의 코로나19 감염 확산을 막기 위해

6400명의 노숙자를 호텔에 전격 수용.

프랑스

- 루이비통의 향수, 화장품 제조시설을 이용해 손세정
  제 생산, 39개 공공병원에 무료 공급.

스페인

- 코로나19에 대응하기 위해 모든 민간 병원을 일시적
  으로 국유화하는 한편, 민간 의사와 의료기기들을 공
  적으로 사용하도록 조치.

위기의 항공업계를 돕기 위한 국가적 지원책

미국

- 항공 산업 지원을 위한 '긴급지원법안Rescue Bill' 가결.

이탈리아

- 경영 악화된 알이탈리아항공Alitalia의 국유화 추진.

프랑스

- 에어프랑스-KML에 80억 유로 지원(항공 일자리 35만 개

  보호 조건).

독일

- 루프트한자에 90억 유로의 공적자금 지원(주식 25%를

  독일 정부가 가져가는 조건).

국제사회의 공공재 구현 노력

WHO는 2020년 5월 29일, 코로나19 대응을 위한 지식, 지적재산, 데이터를 공유하는 자발적인 정보 공개 플랫폼 'C-TAP COVID-19 Technology Access Pool'를 출범시켰다. 필수 의약품의 생산 확대를 위한 연대와 협력을 약속하고 공평한 접근을 할 수 있도록 글로벌 공공재를 구현하기 위한 첫발을 내디딘 셈이다. 그러나 기술과 데이터 공유의 현실은 그리 녹록지 않다. C-TAP 플랫폼이 출범한 후 국제사회의 참여 실태는 생각보다 저조한 것으로 알려져 있다. 2020년 7월 23일 기준, 공개 플랫폼에 동참하기로 선언한 국가는 약 40개국(벨기에·룩셈부르크·노르웨이·포르투갈·네덜란드 등)에 불과하며 제약 산업이 발달한 국가(프랑스·독일·영국·미국·중국·한국)의 참여는 거의 이루어지지 않고 있는 실정이다.

패가 우려되니까요. 우리에게 지금 필요한 것은 국민과 국가가 협력하는 것과 함께 절대적으로 필요한 기본적인 것들을 보장하는 공권력[29]입니다. 국가의 역할은 모든 사람이 기본적인 욕구를 채울 수 있게 돕는 것입니다. 그러기 위해서 거론되는 것이 보편적 기본소득[30] 같은 것이죠.

이택광   코로나19 이후 경제 위기를 극복하기 위해서 많은 나라가 기본소득에 관한 논의를 하고 있어요.

지젝   유럽 노동 시장을 살펴볼까요. 프랑스 같은 경우, 그동안 스페인이나 이탈리아 출신 외국인 노동자들의 노동력에 상당히 의존해왔습니다. 그런데 코로나19 상황에서는 그게 불가능해졌

---

29   公權力. 국가나 공공단체가 우월한 의사의 주체로서 국민에게 명령하고 강제할 수 있는 권력.

30   UBI, Universal Basic Income. 특정 계층이 아니라 모든 개개인에게 소득이나 자산, 고용 여부 등을 묻지 않고 기본적인 소득을 제공해주는 제도.

죠. 이럴 때 정부가 나서야 합니다. 예를 들면, 건강한 청년들을 2~3주라도 잠시 모이게 해서 농사를 지을 수 있도록 계획을 세워야 하는 거죠. 그런 것이 바로 제가 이 시대에 필요하다고 생각하는 공산주의예요. 제가 알기로 중국에서는 이런 식의 국가 개입이 있었습니다. 하지만 이를 제가 생각하는 방식이 아니라고 말하는 이유는, 중국 정부는 이미 사람들의 신뢰를 잃었기 때문입니다. 국가가 계획을 세우고 개입하는 것을 국민이 지지하고 믿을 수 있어야 하는데 중국은 그게 아니잖아요.

이택광   그런 이유 때문에 마르크시즘을 시행하더라도 자유연합 체제를 통해 진행할 필요가 있는 것 같아요.

기본소득

재산이나 소득, 고용 여부, 노동 의지 등과 무관하게 정부 재정으로 모든 국민에게 동일하게 최소 생활비를 지급하는 제도로, 보편적 복지의 대표적인 방법으로 꼽힌다.

모든 국민에게 원칙상 같은 액수를 제공한다는 점 때문에 '보편적 기본소득'이라고 부르기도 한다.

지적   그렇죠. 우선 공산주의가 필요한 것들의 예를
        들어볼까요?

:   첫째, 의료 서비스 확대가 가장 절실합니다. 공
        적 의료가 확대되어야 한다는 것은 분명한 사실
        이고요. 앞으로 닥쳐올 또 다른 팬데믹 사태를
        막기 위해서는 국제적으로 의료 문제에 대해 협
        력·조정할 수 있는 국제 의료기구도 필요합니
        다. 팬데믹은 또 다시 일어날 것이고, 우리는 그
        런 상황에서 지금처럼 마냥 갇혀 살 수만은 없
        어요. 그래서 의료 관리를 하기 위한 공권력은
        꼭 필요합니다.

:   두 번째 문제는 식량입니다. 국가간 이동이 제
        한되면서 농사지을 사람이 부족해졌어요. 누가
        식량을 수확하고 누가 음식을 포장할 것인가 하
        는 문제가 대두된 거예요. 독일도 그렇고, 특히
        미국에서는 이미 심각한 문제예요. 식량 수급에

차질이 생기면 식량 위기가 올 수도 있어요. 특히 가난한 국가들에는 큰 타격이 될 수 있기 때문에 식량 문제에 대해 협력해야 할 필요가 있습니다. 그 밖에도 물, 전기, 쓰레기 처리, 인터넷 등을 공적자원으로 관리하는 시스템이 만들어져야 해요.

: 더 이상 예전 방식에 의존해서는 안 됩니다. 시스템을 다시 만든다는 것이 결코 쉬운 일은 아니지만, 우리는 할 수 있습니다. 제가 최근 출판한 책에서 언급했던 것처럼 우리는 지금 정치적인 문제를 마주하고 있어요. 우리는 말 그대로 새로운 삶의 방식을 발명하도록 강요받고 있어요. 이것은 정치적인 문제입니다.

이택광 그래서 우리에게 더 많은 철학이 필요한 거겠죠. 우리가 처한 문제에 대해 더 많이 사유하고 더 많은 목소리를 낼 수 있어야 하고요.

지젝   인간이라는 존재가 얼마나 연약한가 다시 한
      번 생각하게 된 시점인 것 같아요. 바이러스보
      다 더 바보 같은 것을 상상이나 했겠어요? 최근
      에 '바이러스는 생물인가? 무생물인가? 아니면
      화학적 반응인가?' 같은 주제를 다룬 글을 읽은
      적이 있어요. 바이러스는 계속해서 폭발적으로
      자기 복제를 하면서 증식하는 하찮은 존재잖아
      요. 한낱 미물微物에 불과한 바이러스가 우리 인
      류 전체를 위협하고 있다니 황당한 상황이지요.
      우리는 어쩔 수 없이 우리가 처한 상황을 이해
      하려고 노력해야만 하지요.

:   줄리언 어산지³¹가 그랬죠. "코로나19 위기는
      지금 우리에게 모든 가능성이 열려 있음을 보여
      준다"고 말이죠. 가능성은 열려 있어요. 그 가

---

31   Julian Assange. 내부 고발 전문 사이트 '위키리크스' 설립자. 2010년 미국 외교 전문
     25만 1000여 건을 공개해 미국 외교의 이면을 폭로한 뒤 간첩 혐의로 수배됨. '해킹계
     의 로빈후드', '무정부주의 해커'로 불림. 현재 체포되어 영국에 수감 중이며 미국 송환
     을 거부한 채 영국에서 재판이 진행 중.

능성의 방향은 최고의 쪽이 될 수도, 최악의 쪽이 될 수도 있어요. 지금 우리는 우리 사회를 어느 쪽으로 돌릴지 선택해야 하는 시점에 놓여 있어요. 그런 점에서 우리는 중대한 '정치적' 국면에 직면해 있다는 것을 기억해야 합니다.

코로나19발發 세계 식량 위기 가능성

안토니오 구테헤스 유엔 사무총장은 전 세계 인구의 10%, 8억 2000만 명이 굶주리고 있으며, 2020년 연말까지 그 숫자가 2배로 늘어날 수 있다고 분석했다. 아울러 코로나19로 인해 '전세계적 식량 위기'가 발생할 위험에 대비, 전 세계가 긴급 행동에 나설 것을 촉구했다.

굶주림의 팬데믹 경고

인도의 환경 운동가 반다나 시바 ^{Vandana Shiva}는 코로나19로
인해 직장을 잃은 사람들이 계속 늘고 있는 가운데 수백
만 명이 생계가 어려워지면서 코로나19보다 무서운 굶
주림의 팬데믹이 올 수 있다고 경고했다.

———

우리는 3000만 명의 굶주린 목숨을 저버린 채

확진자 수만 헤아릴 수 없다.

반다나 시바

———

7. 격화되는 미·중 갈등, 국제 질서의 미래는?

신냉전 기류는 지금 일어날 수 있는 최악의 상황

트럼프의 중국 때리기, 큰 그림은?

이택광   국제 질서에 대한 이야기를 이어가볼게요. 이전
에는 좌파든 우파든 모두 국제주의를 강조했습
니다. 하지만 최근, 특히 코로나19 이후 분위기
가 상당히 경색되고 있죠. 자국 이익 중심의 민
족주의와 탈세계화를 앞세우는 나라들이 늘고
있습니다. 특히 미국은 도널드 트럼프 대통령이
앞장서서 반중 여론을 형성하는 등 새로운 냉전
체제를 구축하고 있죠. 신냉전 시대가 도래할

———

트럼프 대통령이 전쟁을 선포한 것이나 다름없어요.

미·중 간의 신냉전이죠.

이건 지금 이 순간 발생할 수 있는

최악의 일이에요.

저는 미·중 갈등이 예측할 수 없는

국제적 혼돈을 빚을 것이라고 생각합니다.

우리에게 '미국이냐 중국이냐' 하는

단 두 가지의 선택지만 있다면

우리 모두 멋진 호텔에서 만나 삶을

마무리해야 할 겁니다.

———

것이란 전망에 대해서는 어떻게 보십니까?

지젝   중국이 코로나19 사태와 관련해 거짓말을 했는
            지 하지 않았는지 그것에 대해서는 잘 모르겠어
            요. 하지만 어쨌든 현 상황은 최악이에요. 트럼프
            대통령이 하는 모든 정치 행동의 셈법은 아주 투
            명해요. 그는 코로나19 바이러스가 자신의 연
            임을 망칠까 봐 두려워하고 있어요. 그래서 외부
            적인 적을 만들어서 계속 비난을 쏟아내고 있는
            겁니다. 코로나19 사태의 책임을 전가하려고
            말이죠. 그야말로 여론몰이를 하는 겁니다.

이택광   트럼프 대통령이 WHO[32]를 탈퇴하겠다고 선언
            한다거나 WHO를 공격하는 이유도 바로 그래
            서겠죠. "WHO보다는 CHO China Health Organization

---

32   World Health Organization(세계보건기구). 보건·위생 분야의 국제적인 협력을 위
     하여 1946년 설립한 UN(United Nations, 국제연합) 전문기구. 2020년 기준으로 총
     194개 회원국 가맹.

(중국보건기구)로 이름을 바꿔야 한다"는 그의 이야기가 중국을 겨냥하는 것처럼 보이지만 사실은 아니라고 봐요. 노림수가 있는, 어디까지나 계산된 행동이라고 생각합니다. 앞으로 국제적 이해관계보다 미국의 이익을 우선하는 미국 우선주의America First 외교 전략을 계속 구사하겠다는 의지를 보여주는 것이고, '우리는 우리만 살겠다'는 사전 포석 아니겠어요?

지젝   트럼프 대통령이 전쟁을 선포한 것이나 다름없어요. 미·중 간의 신냉전이죠. 이것은 지금 이 순간에 발생할 수 있는 최악의 일이에요. 저는 미·중 갈등이 예측할 수 없는 국제적 혼돈을 빚을 수밖에 없을 거라고 생각합니다.

이택광   일각에서는 미국이 세계의 리더로서 주도권을 행사하던 시대는 이제 끝났다고 말하기도 합니다. 포스트 코로나 시대, 중국이 세계의 리더로

두각을 나타낼 거라는 전망도 나오는데요. 중국이 세계의 패권을 차지할 가능성에 대해서는 어떻게 생각하시나요?

중국이 우리의 미래가 되길 바라지 않는 이유

지젝　　　물론 그럴 수도 있겠지요. 하지만 중국이 리더로서의 면모를 보여주었다고는 생각하지 않아요. 특히 아프리카나 라틴아메리카에서는 중국에 대한 실망감이 상당히 큽니다. 중국이 코로나 위기 상황에서 중국 거주 외국인들을 어떻게 대했는지 보세요. 흑인들에 대한 '외국인 공포증Xenophobia'이 극에 달해서 외국인들의 큰 반발을 사기도 했죠.

이택광　　이런 때일수록 국제주의가 필요한 상황이지요. 서로 협력하기 위한 국제주의를 정립할 필요가 있을 듯합니다.

지적   매우 중요한 지적이에요. 미디어를 활용한 정치
       를 할지라도 지역사회와 국가 간의 협력을 유도
       할 수 있는 정치가 필요합니다. 좌파도 국제주
       의를 막아서는 안 되는 상황이에요. 그리고 무
       엇보다 지역에서의 정치가 중요해졌습니다. 각
       지역과의 협력이 중요하니까요. 그래서 제가 찾
       은 공식 formula이 바로 공산주의입니다.

이택광   그렇지만 중국이 우리의 미래는 아니라고 말씀
       하고 계신 거죠?

지적   그렇지 않기를 바랍니다. 어떤 사람들은 중국이
       우리의 미래라고 말하는데요, 글쎄요. 사람들이
       계속 죽어 나가지만 시장경제는 살아 있는 잔혹
       한 자본주의 국가인 미국! 그리고 사람들의 신
       뢰를 잃은 힘센 정부를 가진 중국만 있다고 하
       면 어떻게 될까요? 만약 미국과 중국, 이 두 나
       라밖에 우리의 선택지가 없다면 우리 모두 멋진

———

이건 논쟁할 여지도 없는 거짓입니다.

바이러스가 어디서 왔는지 이야기하자면

명백하게 중국에서 왔습니다.

2020. 5. 14. 트럼프 대통령 백악관 인터뷰 중

미국은 (WHO에) 1년에 4억 5000만 달러를 주는데

중국은 1년에 3800만 달러를 냅니다.

우리가 수년간 4억 5000만 달러를 냈는데

제대로 대우를 받지 못하고 있어요.

그들(WHO)은 좋게 말해서 중국 중심적이고

중국의 꼭두각시예요.

2020. 5. 19 트럼프 대통령 백악관 인터뷰 중

중국의 어떤 미친 사람이 수십만 명을 죽인

바이러스에 대해 중국을 제외한 모든 이를 비난하는

성명을 방금 발표했습니다.

2020. 5. 20. 트럼프 대통령의 트위터 중

우리는 전 세계 188개국에서 무수한 생명을 앗아간

보이지 않는 적, '중국 바이러스'와 전쟁을 치르고 있습니다.

이런 역병을 세계에 퍼뜨린 중국에 책임을 물어야 합니다.

2020. 9. 23. 트럼프 대통령 유엔 총회 화상연설 중

미국에 이념적 색안경을 벗을 것을 촉구합니다.

그렇지 않으면 미국은 더 큰 손해를 볼 것입니다.

미국 정치인들은 중국에 책임 떠넘기기를 중단하고 자국의

방역을 잘하는데 시간과 힘을 쓰기 바랍니다.

2020. 3. 18. 겅솽 중국 외교부 대변인

미국은 휴스턴 주재 중국 총영사관 폐쇄를

돌연 통지함으로써 일방적으로 (중국을) 도발했습니다.

이는 국제법과 국제관계 기본 준칙,

중미 영사조약 규정을 심각하게 위반한 것입니다.

이는 중미 관계를 심각히 훼손한 것이며,

중국은 필요한 반격을 할 것입니다.

2020. 7. 21. 왕원빈 중국 외교부 대변인

호텔에서 만나 삶을 마무리해야 할 겁니다.

이택광   (웃음)

지적   일단 지켜봅시다. 제가 생각하기에 포스트 코로
            나 시대에 대한 결론은 아직 나지 않았어요. 모든
            가능성이 열려 있지요.

8. 전 지구적 나눔과 협력 : 신국제주의

이기심을 버리고 인류애가 존재하는 세상으로

지구 어딘가에서 고통받는 사람들

이택광   코로나19를 겪으면서 적어도 나눔과 협력의 필
         요성에 공감하게 된 것만은 사실인 듯해요.

지젝   이 지구상에는 보이지 않는 곳에서 고통 받는
         사람들이 생각보다 많다는 것을 더 많은 사람이
         알았으면 좋겠어요. 안타깝게도 지금 이 순간에
         도 여전히 전쟁을 치르고 있는 국가들이 있습니
         다. 어떤 사람들은 적어도 팬데믹 상황에서만이

———

지금까지 우리가 사는 세상에서 인류애라는 게

아예 존재하지 않는 공허한 말에 불과하다고 생각하며

살았다고요. 하지만 요즘 코로나 위기를 같이 경험하면서

오히려 우리에게 인류애가 실재하고 있음을

느끼게 됐다는 거예요.

이기주의를 버려야 해요.

이제는 남들과 연대하는 것이 옳은 결정이 됐어요.

길게 보면 내 이웃의 안전이 곧 나의 안전이기 때문이에요.

저쪽에서 수천 명씩 죽고 있는데 내가 있는 이쪽만

안전할 수는 없어요.

그게 바로 뉴노멀일 수 있겠네요.

전 지구적 나눔과 협력이 바탕이 되는

새로운 국제주의 말입니다.

———

라도 전쟁을 하지 말자고 말합니다. 프랑스에서는 코로나19 바이러스가 유행하는 동안에는 모든 전쟁을 금하는 법령을 제안했죠. 많은 내전 국가들이 휴전에 동참하겠다고 의사를 밝히기도 했어요.

: 그런데 실상은 아닙니다. 일부 국가에서는 더욱더 심하게 전쟁을 치르고 있는 상황입니다. 싸우는 쪽에서는 오히려 지금이 전쟁하기 좋은 시기라고 생각하는 거죠. 모든 사람이 코로나19로 인해 정신이 없으니까요. 지금 전쟁을 일으키면 상대가 방어하기 어려울 거라는 생각에 더 전쟁을 하려고 합니다. 이런 뉴스는 정말 끔찍하죠.

이택광 모두가 바이러스와 싸우는 이 상황에도 어디선가는 여전히 총을 겨누고 전쟁을 하고 있다니 슬픈 현실이 아닐 수 없네요.

지젝 저는 낙관론자가 아니에요. 하지만 우리가 협력

해서 평화적으로 해법을 찾아간다면 잘 극복할 수 있을 거라고 생각해요. 어느 누구도 권위적이고 부패한 정부를 원하진 않잖아요. 만약 서로 협력하지 않는다면 세계는 몇몇 강한 나라에 의해 파괴되고 살아남은 국가끼리 계속 경쟁하게 되겠지요. 그거야말로 비극적이고 우려되는 결말이죠.

코로나19로 새삼 깨닫게 된 인류애

이택광 ‘인류애 Humanity’라는 단어가 상당히 추상적이긴 한데요. 인류의 협력과 공조가 필요한 상황에서 지금 우리에게 가장 필요한 것은 바로 이 인류애가 아닌가 싶습니다.

지젝 얼마 전에 제 친구 알렌카 주판치치[33]도 그런 말을 하더군요. 지금까지 우리가 사는 세상에서 인류애는 아예 존재하지 않는 공허한 말에 불과하다고 생각하며 살았다고요. 그런데 요즘 코로나19라는 세계적인 위기를 같이 경험하면서 오히려 우리에게 인류애가 실재(實在)하고 있음을 느끼게 됐다는 거예요. 인류애가 그야말로 우리의 현실이 된 거죠.

낡고 오래된 자본주의는 고쳐 쓸 수 없다?!

지젝   사람들은 제가 이상주의자라고 비판합니다. 그런데 저는 지금 진심으로 우리의 현실을 걱정하고 있어요.

이택광   선생님이 주장하는 공산주의 역시 이상향일 뿐이라고 비판하는 이들이 있는 게 사실입니다.

---

33   Alenka Zupančič(1966~   ). 슬로베니아 철학자, 슬로베니아 과학예술아카데미 철학연구소 연구원. 주요 저서로 칸트의 철학과 라캉의 이론을 분석한《실재의 윤리》가 있다.

코로나19가 잠재운 전쟁

- 전쟁을 멈춰주세요!

  2020년 3월 25일 안토니오 구테헤스 유엔 사무총장은 "인류 공동의 적인 코로나19에 대응하기 위해 지구상의 모든 전쟁을 멈춰달라"고 호소했다.

- 필리핀 코로나 휴전 선언

  필리핀 정부는 코로나19 감염 확산을 막기 위해 3월 26일부터 4월 15일까지 내전을 중단시키고 이른바 '코로나 휴전'에 돌입했다.

- 11개 분쟁국 휴전 약속

  2020년 4월 3일 분쟁국 중 11개 국가(카메룬, 중앙아프리카공화국, 콜롬비아, 리비아, 미얀마, 필리핀, 남수단, 수단, 시리아,

우크라이나, 예멘)이 휴전 의사를 밝히며 긍정적인 답변을 내놓았다.

- 사우디아라비아 2주간 휴전 선언
  2020년 4월 9일 아랍동맹군을 이끌고 예멘 내전에 개입한 사우디아라비아가 4월 9일 정오부터 2주간 휴전하겠다고 선언했다.

- 국제사회의 휴전 촉구와 지지 선언
  에마뉘엘 마크롱 프랑스 대통령 코로나19 사태에 대처하기 위해 모든 전쟁을 멈추자고 유엔 안보리 상임 이사국들에 촉구.
  ▶ 독일, 프랑스, 이탈리아, EU 외교 안보정책 고위대표들의 휴전 촉구 공동 성명 발표.
  ▶ 도널드 트럼프 미국 대통령, 보리스 존슨 영국 총리, 시진핑 중국 국가 주석 등도 찬성과 지지 표명.

지젝 저는 그런 이야기에 동의할 수 없습니다. 제가 말하는 공산주의가 무엇을 의미하는지 생각해 보지도 않고 하는 말이라고 봐요. 적어도 제가 공산주의라고 부르는 최소한의 공공 영역이란 기본 요소는 살아남았으면 합니다.

: 세상에는 여전히 자본주의를 신봉하는 사람들이 많습니다. 자본주의 체제에 문제가 있더라도 다시 잘 고쳐서 써보겠다고 생각하는 사람들 말입니다. 그런데 그것은 불가능한 이야기입니다. 낡고 오래된 자본주의로는 결코 정상성을 회복할 수 없다고 생각해요.

이택광 그게 바로 뉴노멀일 수 있겠네요. 전 지구적 나눔과 협력이 바탕이 되는 새로운 국제주의 말이예요.

지젝 그래요. 세계는 함께 가야 합니다. 이기주의를 버려야 해요. 이제는 남들과 연대하는 것이 옳은 결정이 됐어요. 길게 보면 내 이웃의 안전이 곧 나의 안전이기 때문이에요. 저쪽에서 수천 명씩 죽고 있는데 내가 있는 이쪽만 안전할 수는 없어요. 어쩌면 우리는 지금 그동안 이웃을 외면한 대가를 치르고 있는지도 몰라요. 모든 것을 민간 시장에 맡기고 공적 영역을 중요시하지 않은 미국이나 영국 등 많은 나라가 지금 혹독한 시련을 맞이하고 있듯이 말이에요.

코로나19를 이용해 수익을 내는 것은 강도 짓

이택광   선생님은 철학자 중에서 가장 먼저 코로나에 관한 단행본을 출판하셨죠. 한국에도 곧 출판된다고 하니 이 문제가 공론화되고 더 많은 토론이 가능하지 않을까 싶네요.

지젝   이번 팬데믹에 대한 책은 국경없는의사회[34]와 함께한 프로젝트입니다. 처음 1만 5000권의 E-

북이 무료로 배포되었죠. 이 과정에서 저는 아무런 이익을 내지 않았다는 것을 말씀드리고 싶네요. 종이책으로 판매되더라도 그 수익금은 전액 국경없는의사회에 기부될 예정입니다.

이태광   저도 E-북을 다운로드했어요. 벌써 읽어보았답니다. 책을 판매해서 수익을 전액 기부하신다니, 정말 멋진 결정을 하셨네요.

지젝   팬데믹 상황을 이용해서 이익을 낸다는 것은 강도 짓이죠. (웃음) 우리가 함께 이야기를 나눈 것처럼 우리가 처한 위기를 정치적으로 어떻게 이겨낼 것인가에 관한 책을 썼어요. 저는 더 많은 사람들과 이 문제에 대해 함께 이야기 나눌 수 있길 바랍니다. 토론의 장이 열린다면 매우 기쁠 것 같네요.

---

34   Doctors Without Borders. 독립적으로 활동하는 비영리 국제 인도주의 의료 구호 단체.

이태광   인터넷을 통해 다운로드 받아서 먼저 책을 읽어
본 전 세계 독자들의 반응은 어땠나요?

지젝   예상했던 반응이었어요. 큰 변화가 필요하다는
것에 공감하는 사람들이 있고요. 마크르시즘과
공산주의라는 말에 주목하면서 이게 가능한 것
이냐 하는 의문을 품는 분들도 있었지요. 그리
고 자본주의의 종말에 대해서는 여전히 회의적
인 시각도 존재했고요.

이태광   자본주의라는 틀에 익숙해져 있어서겠죠.

지젝   자본주의가 작동하는 방식은 그런 거잖아요. 물
이 필요하면 물을 사야 하는 게 당연하고, 그 과
정에서 아주 극히 일부 사람들만 부자가 되는 악
순환의 반복인 거죠. 어쨌거나 공공재를 지키는
것 keep the commons, 제 생각에는 그게 핵심입니다.

포스트 코로나 뉴노멀

9. 그린 뉴딜은 해답이 될 수 있을까?

중앙집권화된 세계 정부보다 절실한 것은 책임감

'그린 뉴딜'을 향한 희망과 우려

이택광   코로나19로 인한 경기 침체를 우려하는 이들이

많습니다. 자본주의의 한계를 극복하기 위한 여

러 논의들도 나오고 있고요. 경제학자 토마 피

케티[35]는 현 상황을 타계하기 위한 방법으로 그

린 뉴딜[36]을 제안했습니다. 우리 모두가 친환경

---

35   Thomas Piketty(1971 ~). 파리경제대 교수. 부, 소득과 불평등에 대해 연구하는 프랑
스 경제학자. 글로벌 자본세를 대안으로 제시한 《21세기 자본》으로 열풍을 일으키면서
세계적인 경제학자가 됨.

———

너무 많은 권력을 쥔 세계 정부가 존재한다면

그 힘을 노리고 내부적으로 엄청난 당파 싸움을

계속하게 될 수도 있어요.

무엇보다 세계 정부는 너무 멀리 있는 곳의 권력이기 때문에

각 지역 사람들이 통제할 수 없는 권력이 될 수 있습니다.

중앙집권화된 세계 정부를 만든다고

해결될 문제는 아니라는 거죠.

이것은 일반적으로 우리가 알고 있는 '도의적 책임감'의

문제예요.

———

적인 Eco-friendly 시스템을 바탕으로 경제 구조를 재건해야 한다는 주장인데요. 그런 목소리에 대해서는 어떻게 생각하시나요?

지젝   전반적으로는 피케티의 생각에 동의합니다. 전 세계적으로 부의 쏠림 현상이 심각한 상황이잖아요. 이 같은 불평등을 해소하고 부를 재분배하기 위해서는 강력한 개입이 필요하다는 그의 의견에 공감합니다.

이택광   그린 뉴딜은 역설적으로 이야기하면 지젝 선생님이 말씀하신 공산주의를 자본주의가 수용할 수밖에 없다는 것을 보여주는 게 아닌가 싶습니다. 자본주의라는 패러다임을 이대로 유지할 수 없으니까 자본주의를 지키기 위한 방법을 모색

---

36   Green New Deal. 환경과 사람이 중심이 되는 지속 가능한 발전을 의미함. 화석 에너지 중심의 에너지 정책을 신재생 에너지 중심으로 전환하는 등의 노력 강조.

하자는 것이지요. 결국은 자본주의를 유지하기 위해서 비자본주의적인 요소를 도입하자는 아이러니가 발생하는 거죠.

지젝   다만 우려스러운 것은, 피케티는 그의 책에서 부의 재분배가 국제적이고 세계적인 차원^{global and international level}에서 이루어져야 한다고 주장했는데요, 이 모든 것을 어떻게 세계적인 수준에서 성취해낼 수 있을지 그 실천적인 부분이 저는 궁금합니다. 제가 봤을 때 그의 주장은 현실성이 떨어지는 면이 있어요. 예를 들어, 세계적인 차원의 정부를 구성하기 위한 선거에 관한 이야기가 있는데요. 사실 그 부분은 현실적으로 쉽지 않은 일이라고 생각해요.

이택광   세계 정부에 대한 생각 같은데요. 이미 예전부터 그런 주장들이 제기되긴 했죠.

지적   개인적으로 지역간의 협력은 어느 정도 가능하다고 생각해요. 하지만 만약 전 세계를 통제하고 제어할 수 있는 세계 정부가 존재하게 된다면, 그 강력한 힘을 사용하는 과정에서 여러 가지 문제가 발생할 가능성을 배제할 수 없어요. 너무 많은 권력을 쥔 세계 정부가 존재한다면 그 힘을 노리고 내부적으로 엄청난 당파 싸움을 계속하게 될 수도 있어요. 무엇보다 세계 정부는 너무 멀리 있는 곳의 권력이기 때문에 각 지역 사람들이 통제할 수 없는 권력이 될 수 있습니다.

이택광   그렇죠. 그린 뉴딜을 하겠다는 의도는 좋은데, 그 목적을 위해서 그린 파시스트[37]가 되면 안 되는 거니까요. 예를 들어, 세계 정부가 '다 같이 자전거를 탑시다'라고 정한다면 전 세계 사

---

37   Fascist. 파시즘(Fascism. 1차 세계대전 후 이탈리아에서 생겨난 사상으로 극단적인 전체주의적·배외적 정치 이념)을 신봉하거나 주장하는 사람.

람들이 자전거를 타야 하고, 자전거를 타지 않는 경우엔 벌점을 준다거나 감옥에 가두는 식의 극단적인 상황이 생기면 안 되잖아요.

지적 제가 가장 기본적인 의심을 갖는 부분은, 세계 정부가 너무나 먼 권력이기 때문에 현실의 문제에 대응하기 쉽지 않을 거라는 점입니다.

이택광 네, 상당히 힘든 일이죠. 각국의 사정이 모두 다르기 마련이니까요.

지적 세계 어딘가에서 마약, 홍수, 태풍 등의 문제가 생겼다면 그 한쪽을 다른 한쪽이 나서서 도와줘야 하는 거잖아요. 다른 예로 동아프리카의 케냐, 에티오피아, 소말리아 같은 나라에서 메뚜기 떼가 창궐해 식량 위기에 직면한 상황도 있죠. 특히 소말리아 같은 경우 분쟁과 재난으로 인해 260만 명의 난민이 발생했지요. 이 사람들은 유럽으로 가고 싶어 합니다. 그들에게는 코로나19보다 메뚜기와 내전 같은 문제가 훨씬 더 심각한 현실이거든요.

: 그렇다면 이 문제에 세계 정부가 어떻게 대처할 수 있을까요? 유럽은 이미 이주민과 난민 문제로 패닉을 겪고 있어요. 합의가 이루어져도 정부간 갈등이 계속되는 상황이에요. 중앙집권화된 세계 정부를 만든다고 해서 해결될 문제는 아니라는 거죠. 이것은 일반적으로 우리가 알고 있는 '도의적 책임감'의 문제예요.

: 수백만 명이 굶어 죽어가고 있다면 당연히 우리 모두 동참해서 도와야 합니다. 만약 브라질이나 인도 같은 곳에서 새로운 질병이 나타난다면 이건 우리 모두의 문제여야 합니다. 단순히 격리 차원의 문제가 아니에요. 격리하는 동시에 그들을 도울 방법을 생각해야 해요.

토마 피케티와 그린 뉴딜

- 위기 이후, 녹색기금의 시대

2020. 5. 9. 토마 피케티의 〈르몽드Le Monde〉 기고문

코로나 사태는 보다 평등하고 지속 가능한 새로운 발전 모델을 채택하는 기회가 될 수 있다며 경제 정책의 우선순위를 변화에 두고 탄소 배출을 촉발하는 모든 활동은 최대한 축소해야 한다고 주장.

- 국경을 넘어서 부를 재분배하라

토마 피케티의 저서 〈자본과 이데올로기〉

더 많이 버는 부유층이 더 많은 세금을 내도록 하는 '누진소유세'를 제안하고 모든 젊은이에게 불평등 해소를 위해 종잣돈을 주자는 의견(25세가 되는 모든 남녀에게 성인 1인당 평균 자산의 60%인 12만 유로를 지급) 제시.

10. 어떤 세상을 선택하시겠습니까?

야만으로의 퇴보를 멈출 마지막 선택의 기회

새로운 세상을 구매할 절호의 기회

이택광　　　이제 우리가 나눈 이야기들을 정리해보려고 합
　　　　　　니다. 포스트 코로나 시대는 어떻게 정의해볼
　　　　　　수 있을까요? 새로운 세상이 될까요?

지젝　　　　앞서 말씀드린 것처럼 우리는 지금 '세상을 파
　　　　　　는 가게' 앞에 서 있어요. 수많은 삶의 방식 중에
　　　　　　서 다른 형태의 세상을 구매할 수 있는 기회인 셈
　　　　　　이죠. 그러니까 포스트 코로나 시대는 정치적인

더 늦기 전에 새로운 비전이 나와야 합니다.

신기원의 순간인지도 모르겠어요

그렇지 않으면 우리는 야만주의로 퇴보하고 말 거예요.

한국이 파란만장한 역사를 극복해온 과정이

팬데믹 상황을 버텨내는데 자양분이 될 수 있길 바랍니다.

한국은 말 그대로 우리의 희망입니다.

기회예요. 더 늦기 전에 새로운 정치 비전이 나와야 합니다

이택광 새로운 공동체의 삶을 발명해야 하는 정치적 상황이라고 말씀하셨죠? 중요한 지적이라고 생각합니다.

지젝 우린 이제 정해야 해요. 예전 상황은 지나갔고, 새로운 세계를 맞이해야 할 때가 온 거예요. 신기원의 순간인지도 모르겠어요. 경제 개편을 통해 공산주의 요소를 통합해야 합니다. 그렇지 않으면 우리는 야만주의로 퇴보하고 말 거예요.

이택광 퇴보를 멈춰야 하는 중요한 시점이네요.

지젝 네, 맞습니다

이택광 그러면 끝으로 한국의 시청자들에게 코로나19

이택광 묻고 지젝 답하다

를 극복하기 위한 조언을 해주실 수 있을까요?

지젝 　 한국에 계신 분들에게 제가 드릴 수 있는 조언은 없어요. 오히려 저는 요즘 한국에서 배우고 있거든요. 아마도 한국은 20세기에 겪은 역사적 경험들–일제 강점기와 해방, 한국전쟁, 그 이후의 모든 대립 – 을 통해서 어떻게 보면 더 현명해진 게 아닌가 싶어요. 위험을 안고 사는 것에 대해 다른 나라 사람들보다 더 의연해진 것 같기도 하고요. 한국이 그동안 파란만장한 역사를 극복해온 과정이 팬데믹을 버텨내는데 자양분이 될 수 있길 바랄게요.

：　 한국은 말 그대로 우리의 희망입니다

이택광 　 우리 이야기는 여기서 마무리 지으면 될 것 같아요.

지젝 　 좋아요. 고맙습니다.

포스트 코로나 뉴노멀

| 이택광 | 함께 뜻깊은 이야기를 나눌 수 있어서 좋았습니다. 내년쯤에는 서울에서 다시 뵐 수 있길 기대해봅니다. |

| 지젝 | 그렇게 되길 정말 간절히 바랍니다. 고맙습니다. |

| 이택광 | 한국에 지젝 선생님의 팬이 많습니다. 다시 뵙길 기대하는 사람들도 많고요. |

| 지젝 | 저야말로 한국에 다시 가게 된다면 정말 꿈만 같을 것 같네요. 연락합시다, 이택광 교수님. |

| 이택광 | 감사합니다. 건강하게 잘 지내시기를 바라겠습니다. |

이택광 말하다

슬라보예 지젝과 이택광 교수의 대담 녹화 후 보충 촬영한 인터뷰를 덧붙임합니다.

국가가 잘 유지되려면 시민의 힘 vs 국가의 힘, 균형 중요

Q1.   포스트 코로나 시대 국가의 역할은 무엇인가에 관해 여러 가지 말씀을 나누셨는데요. 지젝이 말하는 바람직한 국가의 모습은 어떤 것인지 부연 설명이 필요할 듯합니다.

지젝 선생님은 아시아에서 코로나 바이러스에 대한 방역이 그나마 성공적으로 이루어진 것이

'국가의 역할'을 재고하게 만들어주었다고 봅니다. 국가의 역할은 시민과의 관계 속에서 이루어지는 것이지, 국가가 스스로 주도적으로 어떤 역할을 하는 것이 아니라고 지적합니다. 다시 말해서, 국가는 국가 홀로 존재할 수 없다고 보는 관점이지요.

: 일반적으로 어떤 정치적인 관점에서 보느냐에 따라 국가의 개념은 달라집니다. 국가를 바라보는 지젝 선생님의 관점은 저도 동의하는 부분이에요. 정리하자면 이렇습니다. 일단, 국가라는 것은 누구의 소유도 아닙니다. 국가 자체가 어떻게 보면 공공재 성격을 갖고 있다고 볼 수 있어요. 국가 안에서는 선출되는 권력으로서의 정부와 그 권력을 뽑아주는 유권자인 시민이라는 존재가 양립합니다. 국가가 잘 유지되려면 시민과 국가, 이 두 힘의 균형이 매우 중요하지요. 한국의 경우, 민주화 과정을 통해 정부와 시민의 관계를 계속해서 재정의하는 과정을 거쳤고,

그 논의는 여전히 현재 진행형이라고 볼 수 있습니다.

：　어쨌거나 개인의 자유는 보통 국가로부터 개인의 거리가 얼마나 떨어져 있느냐에 따라 결정됩니다. 국가가 개인과 너무 가까우면 개인의 자유가 없다고 느낄 것이고, 국가를 위한 개인의 희생도 불가피해지겠죠. 반대로 국가로부터 개인의 거리가 멀어져 국가가 잘 안 보이면 개인은 자유로워집니다. 그래서 그동안 자유를 중요시하는 입장에서는 개인을 국가로부터 가급적 멀리 떼어놓은 것을 매우 중요하게 봤습니다. 이른바 유럽이나 미국의 자유주의자들의 입장이 그렇죠.

：　그런데 그렇게 자유를 중요시하다 보면 부작용이 발생할 수 있습니다. 개인의 능력에 따라 자유롭게 살면서 국가가 점점 더 관여하지 못하는 상황이 계속되면 불평등이 심화될 수 있다는 거죠. 강자가 약자를 착취하고 폭력을 행사하는

　이택광 묻고 지젝 답하다

위험이 발생할 수도 있고요. 국가가 실종되어버리면 여러 가지 문제가 발생할 수 있기 때문에 국가와 개인 간의 적절한 거리를 설정할 필요가 있습니다. 그 역할을 해주는 것이 바로 정치라고 할 수 있겠죠. 개인에게 무한한 자유를 허락할 수는 없으니까요. 그것이 바로 현대 사회죠.

: 역사적으로 왕이 무한한 자유를 누렸던 시기도 분명 있었습니다. 하지만 민주주의라는 정치 체제가 생기면서 개인과 국가 간의 거리를 설정하는 문제가 굉장히 중요해졌어요. 개인에게 최대한 평등하게 권리를 배분해주는 것 또한 국가의 역할이 되었습니다. 그래서 개인과 국가 사이의 거리를 N분의 1로 나눈 게 민주주의라고 볼 수 있어요.

: 개인과 국가의 힘이 제대로 조화를 이루는 사회가 이상적인 사회인데, 지젝 선생님의 관점은 그 힘의 균형이 항상 똑같지 않다고 봅니다. 상황에 따라 언제든 변화할 수 있다는 입장이지

요. 지금 우리가 겪는 코로나 사태가 바로 그 예가 될 수 있겠죠. 국제적인 위기가 닥쳤으니 그 상황에 맞게 국가와 개인의 거리를 다시 설정하는 것이 당연하다고 보는 거죠. 지금은 개인의 자유보다 국가의 통제 능력이 더 우선시돼야 할 상황임을 인정해야 한다는 겁니다.

지젝 선생님이 대담 중에 코로나19 상황에서 진정한 기적을 보여준 것은 한국과 대만이라는 말씀을 하셨잖아요. 그것은 다른 말로 하면 국가 권력과 시민의 힘이 제대로 조화를 이루었다고 평가할 수도 있습니다. 코로나19 사태 초기에 마스크 대란이 벌어졌을 때 '공적 마스크' 제도를 통해 문제를 해결해간 방식이라든가, 미비하긴 하지만 공공의료가 작동한 모습이 그렇지요. 우리가 낸 세금으로 이루어진 정부 재정이 확보되어 있었기 때문에 무료 코로나 진단검사가 가능했던 것도 마찬가지고요. 완벽하지는 않지만 적어도 한국 사회를 비롯한 아시아 국가의 공적 영역이 미국, 유럽보다 제대로 작동했다고 평가할 수 있지요.

국가와 시민이 같은 꿈을 함께 나누어 꿀 수 있는 사회

Q2.   국가의 힘과 시민의 힘이 잘 공존하기 위한 조건이 있을까요?

이른바 민주주의에서 얼마나 많은 시민이 자유롭게 정치에 참여할 수 있도록 정치 체제를 만드는가 하는 문제와 관계 있겠죠. 지젝 선생님은 이 문제를 얘기할 때 '국가와 시민이 어떤 꿈을 나눠서 꾸는가'라고 말하곤 합니다. 국가와 시민들이 같은 꿈을 함께 나누어 꿀 수 있는 사회가 바로 시민과 국가의 힘이 잘 공존하는 사회이겠지요.

자율과 통제의 균형을 찾는 것이 오늘날 민주주의의 과제

Q3.   선생님은 모더니티라는 것은 항상 감시와 관련 있다는 말씀을 하셨어요. 지젝 또한 감시는 시민의 자유와 함께 얼마든지 잘 이용할 수 있는 부분이라고 했는데, 이는 어떤 의미인지요?

감시라는 것은 근대의 원리죠. 프랑스 철학자 미셸 푸코는 《감시와 처벌》에서 파놉티콘[38] 개념으로 감시를 설명했습니다. 권력이 다수를 감시하는 사회에서 개인은 늘 감시당한다는 가정 하에 행동하게 되어 있다는 거죠. 그게 바로 조지 오웰이 말한 빅브러더[39]잖아요.

---

38 Panopticon. 영국의 철학자 제러미 벤담Jeremy Bentham(1748~1832)이 제안한 일종의 원형 감옥 건축 양식. 감독자가 자신을 노출시키지 않은 채 모든 수감자를 감시하는 구조.

39 Big Brother. 정보의 독점으로 사회를 통제하는 관리 권력, 혹은 그러한 사회 체계를 일컫는 말. 영국의 소설가 조지 오웰George Orwell(1903~1950)의 소설 《1984년》에서 비롯된 용어.

： 감시라고 하면 중앙에 있는 강력한 권력의 눈이 다른 시민들을 감시하는 것을 뜻합니다. 일반적으로 자유주의적 관점에서 생각하는 감시는 바로 그런 거예요. 그래서 방역 시스템을 바라볼 때도 인권 문제를 먼저 제기하게 되는 거죠. 하지만 우리는 감시에 반대 기능이 있다는 점을 간과해서는 안 돼요. 감시를 나눠 갖게 되면 오히려 시민들이 권력을 감시하는 역전 현상도 얼마든지 가능합니다. 박근혜 전 대통령 탄핵은 시민의 감시가 제대로 작동한 사례라고 볼 수 있지요. 민주주의는 바로 이러한 감시의 이중성과 공존한다고 볼 수 있습니다.

： 정보가 너무 공개되고 투명성이 확보되어버리면 사실 그게 전체주의잖아요. 그렇게 되지 않으려면 '어느 선까지 투명성을 보장할 것인가?', 그리고 '누구를 위한 투명성인가' 하는 부분에 대한 합의가 제대로 이루어지는 것이 가장 바람직하겠죠.

：　하지만 코로나라는 긴박한 위기 상황에서 일사
불란하게 그런 합의가 이루어지기는 쉽지 않습
니다. 그렇기 때문에 수많은 문제가 제기될 수
있어요. 그 과정에서 다수가 동의한 것이 항상
옳다고 말할 수는 없거든요. 옳은 것이라 해도
다수의 동의를 얻지 못할 수도 있어요. 그것은
순간에 결정할 수 있는 문제가 아니고 오랜 시
간 천천히 논의해봐야 하는 부분이죠.

：　코로나 상황에서는 그것이 불가능할 수밖에 없
죠. 방역이 우선시되고 그 방역과 관련해서 정보
를 공개했는데 문제가 발생한다면 그 비판을 받
아들이고 빠르게 수정하는 방식이 효율적이겠
죠. 그래서 적어도 방역 과정만을 놓고 본다면 한
국의 경우, 국가의 통제와 시민의 감시가 그래도
빠르고 유연하게 작동하지 않았나 생각하는 겁
니다.

코로나 위기 극복과 경제 재건에 속도를 내는 중국

글로벌 리더십을 발휘할 수 있을지는 미지수

Q4.　　　　지젝은 중국이 세계의 리더로서 두각을 나타내는 것을 경계했어요. 교수님은 앞으로의 국제 질서와 중국의 입지에 대해 어떻게 전망하시는지요?

제2차 세계대전 당시 미국의 상황과 비교해볼 수 있는데요. 제2차 세계대전 이후 미국이 국제 무대에서 역할하게 된 배경을 보면, 상대적으로 전쟁의 피해가 크지 않았던 미국이 전후 복구 과정에서 경제적으로 급성장한 것이 크게 작용했다고 봅니다. 저는 포스트 코로나 시대도 마찬가지일 거라고 봐요. 미국이나 유럽에 비해 상대적으로 중국이 빠른 회복세를 보이고 있고 경제 재건에 속도를 내고 있지요. 물론 이 상황이 제2차 세계대전 때와 동일하다고는 볼 수 없겠지만, 적어도 경제적인 측면에서 중국의 회복세를 주목해야 합니다. 앞으로 국제 질서가 변화하리라는 것, 그리고 세계의 공장이라 불렸던 중국의 입지가 상당히 달라질 것이라는 점만은 확실해 보여요. 중국이 원하든 원하지 않든 중국의 역할이 부각될 가능성이 큽니다. 다만 중국이 세계의 리더로서 글로벌 리더십을 발휘할 수 있을까 하는 부분은 아직 물음표라는 거죠.

그렇다면 미국 대 중국이 대립하는 신냉전 시대가 올 것인가, 그것도 역시 미지수라고 봅니다. 과거 제2차 세계대전 이후 냉전 시대가 가능했던 것은 첫째 막강한 힘을 가진 소련을 중심으로 한 소비에트 블록의 존재, 둘째 미국의 경제 부흥이 있었기 때문이거든요. 그런데 지금은 모든 것이 불확실해요. 어떤 분들은 진정한 다극 체제가 열릴 것이라고 말씀하시는데, 지금으로서는 속단을 내리기보다는 지켜보는 수밖에 없을 것 같네요.

이택광 묻고 지젝 답하다

글러벌 리더십 부재,

세계적 혼란 초래할 잠재적 위험 요소

Q5.   "우리의 미래 선택지로 미국과 중국만 남는다
면 우리 모두 멋진 호텔에서 만나 삶을 마무리
해야 할 것이다"라는 지젝의 농담이 농담으로
만 들리지 않습니다. 현재 세계가 겪는 혼란 가
운데 큰형님 역할을 할 리더십은 붕괴된 상황으
로 보이는데 어떤가요?

그동안 우리는 이른바 30년 평화 시기라고 부
르는 포스트워 시대를 살아왔죠. 그 과정에서
미국의 영향력은 계속해서 약화돼왔습니다. 이
런 상황에서 미국의 이익을 앞세우는 민족주의
로 복귀해야 한다는 사람들이 힘을 얻으면서 도
널드 트럼프 대통령이 집권하게 된 거죠.
:   현재 상황은 중국의 힘이 강화되었다기보다는
미국의 힘이 약해졌다는 쪽이 더 맞다고 봅니

다. 미국의 힘이 약화되면서 자연스럽게 그 뒷자리를 차지하고 있던 중국이 스포트라이트를 받게 된 것이죠. 하지만 앞서 말씀드린 대로 중국이 글로벌 리더십을 발휘할 것인지에 대해서는 많은 사람이 회의적이잖아요. 지금까지 한 번도 그런 모습을 보여준 적이 없으니까요. 저는 이러한 상황이 향후 국제적 위기를 초래할 심각한 잠재 요인이 될 수 있다고 봅니다. 유럽을 놓고 보면 영국의 리더십도 기대하기 어려워 보입니다. 이탈리아, 스페인, 프랑스는 자국의 이해관계에 매몰되어 있지요. 독일이 힘을 발휘하고 있지만, 국가가 너무 작고 인구수나 경제력 측면에서 리더의 자리를 감당하기가 쉽지 않아 보입니다. 이 상황에서 다극화로 간다면 그나마 낫겠지만, 만약 지금처럼 미국과 중국이 계속 대립하는 냉전 체제로 간다면 상당히 골치 아픈 상황이 빚어질 수도 있습니다. 국가간 분쟁이 더 심각해질 수 있고 갈등을 조정할 매개

체마저 사라져버린다면 상당한 혼란이 나타날 것으로 예상됩니다.

그린 뉴딜의 성공 조건은
불편함을 참고 지구를 지키겠다는 마음과 자발적 동의

Q6.   그린 뉴딜에 대한 논의가 활발합니다. 우선 그린 뉴딜의 개념부터 설명이 필요할 듯하고요. 그린 뉴딜이 성공을 거두기 위한 성공의 조건이 있다면 어떤 것인지 말씀 부탁드립니다.

그린 뉴딜은 다른 말로 하면 '지속 가능한 발전 Sustainable development'을 뜻합니다. 발전은 자본주의의 속성이잖아요. 자본주의는 계속해서 발전을 추구해왔고, 앞으로도 그렇겠지요. 그런데 지금까지의 발전은 지구의 자원을 소비해서 뭔가 인공적인 것을 만드는 쪽으로 이어져온 것이 사실이에요. 그런 식의 소모적인 발전이 한계에 도

달한 거죠. 기후 변화가 나타나고 자원이 고갈되는 등 우리가 무한한 것으로 여겼던 세계가 파괴되는 것을 우리 스스로 목도하고 있는 상황입니다. 그래서 나온 아이디어가 바로 그린 뉴딜이라고 할 수 있어요. 그 핵심은 국가가 주도하는 지속 가능한 발전입니다. 국가가 주도해야 하는 이유는 이것이 처음부터 수익을 내기는 어려워서 국가 재정이 투입될 수밖에 없기 때문이지요. 예를 들어, 한국의 현대자동차가 친환경적인 수소차를 개발하는데 국가가 그것을 지원하고 유도하는 방식이 되겠죠.

: 그린 뉴딜이 단지 슬로건에 그치지 않고 정책과 결합해서 좋은 시너지를 낸다면 더 바랄 것이 없겠죠. 그린 뉴딜이 성공하려면 먼저 다소 불편함을 참고 우리 지구를 지키겠다고 생각하는 마음과 마음이 모여야 합니다. 그런 대안적 삶의 불편함을 감수하겠다는 자발적 동의가 먼저 이루어져야겠지요.

：　　　지젝 선생님이 그린 뉴딜과 관련해서 우려의 목소리를 내는 부분은 이런 겁니다. '그린'을 외치지만 그 '그린'이 누구를 위한 것인가 하는 거예요. 그 정책으로 인해 또 다른 희생자를 낳게 될 것을 우려하는 것이지요. 대표적인 것이 그린 뉴딜을 한다고 아프리카와 인도의 공장을 다 없애면 그곳 사람들은 무엇을 먹고살겠는가 하는 질문이에요.

：　　　다른 예를 들어볼까요? 뉴욕의 패션 회사가 안경을 하나 사면 안경 하나를 아프리카 주민에게 기부하는 프로젝트를 기획해 홍보하고 있어요. 이것을 보고 지젝 선생님이 이런 말씀을 하시더라고요. "진짜 도움이 필요한 아프리카 사람 가운데는 안경을 쓰는 사람이 없다. 그 사람들에게 진짜로 필요한 것은 안경이 아니라 다른 것이다." 그린 뉴딜도 마찬가지예요. 무조건 이것이 옳다고 밀어붙이면 부작용을 낳을 수밖에 없어요. 그린 뉴딜은 이상향이나 목표가 될 수는

있지만 모든 문제를 해결하는 만병통치약이 될
수는 없다는 점을 간과하지 말라는 경고라고 볼
수 있습니다.

포스트 코로나 시대
새로운 질서는 그린! 생명! 그리고 인류애!

Q7. 두 분이 대담을 통해 포스트 코로나 시대의 뉴
노멀을 '전 지구적인 나눔과 협력'으로 정의하
셨는데, 그 외에 뉴노멀의 키워드를 몇 가지 더
꼽아본다면 무엇이 있을까요?

뉴노멀 시대의 키워드는 그린 Green ! 생명 Life ! 그
리고 인류애 Humanity 라고 생각합니다. 이 모든 사
태가 궁극적으로는 기후 변화를 비롯한 자연재
해에서 유래되었다는 데 많은 분이 공감하실 겁
니다. 앞으로 환경 복구가 그만큼 중요해지리
라는 점에서 그린을 꼽았고요. 다음으로 생명을

키워드로 꼽은 이유는, 많은 분이 이번 바이러스 사태를 겪으면서 생명에 대한 관점을 새롭게 정의하고 바꿀 것이라고 생각하기 때문입니다. 마지막으로 이 문제가 단순하게 개인의 노력이나 개별 국가의 노력만으로 해결될 수 있는 것이 아니라 인류라고 하는 추상적이고 공허한 말들을 통해 들여다보고 함께 협력해야 하는 문제이기 때문에 인류애가 포스트 코로나 시대 뉴노멀의 키워드가 될 것이라고 봅니다.

포스트 코로나 시대는 지도 없이 길을 떠나는 탐험의 시대

Q8.   마지막으로 우리가 맞이하게 될 포스트 코로나 시대를 한마디로 정의해주신다면 감사하겠습니다.

          포스트 코로나 시대는 지도 없이 길을 떠나는 탐험의 시대가 되지 않을까 생각합니다. 포스

트 코로나 시대는 누구도 겪어보지 못한 전인미답의 세계이기 때문이죠. 지금까지 우리가 알고 있던 세계와 전혀 다른 세계가 열릴 것이라고 봅니다. 과거에는 세계에 대한 지식과 정보를 가지고 여행자로서 여행을 다녔다고 하면, 더 이상 그 지식과 정보가 유용하지 않은 그런 시대가 온 것이지요. 정상적이라고 생각했던 가치와 기준들이 모두 무의미해졌습니다. 그래서 가본 길이지만 전혀 가보지 않은 길인 것처럼 조심스럽게 한 발 한 발 나아가야 하는 탐험의 시대가 될 것이라고 생각하고요. 그 탐험의 여정에서 길을 잃지 않기 위한 인류의 나눔과 협력에 희망을 걸어봅니다.

포스트 코로나 뉴노멀

초판 1쇄 발행 2020년 12월 10일

지은이   슬라보예 지젝·이택광
엮은이   성미현

펴낸이   박종태
펴낸곳   비전CNF
신고번호   제2019-000191호
주소   경기도 고양시 일산서구송산로 499-10(덕이동)
전화   031-907-3927
팩스   031-905-3927
이메일   visionbooks@hanmail.net
페이스북   @visionbooks
인스타그램   vision_books_

디자인   지노디자인 이승욱
마케팅   강한덕 박상진 박다혜
관리   정문구 정광석 박현석 김신근 김태영(오퍼)
경원지원   이나리
토탈   김경진
인쇄 및 제본   예림인쇄

공급처   (주) 비전북
전화   031-907-3927
팩스   031-905-3927

ⓒ   SBSCNBC

ISBN   979-11-968788-1-8 03330

• 비전CNF는 몽당연필, 바이블하우스, 비전북과 함께합니다.
• 잘못된 책은 구입하신 서점에서 바꾸어 드립니다.
• 책값은 뒤표지에 있습니다.